Liderança e Pessoas

Publisher: Marcio Coelho
Organização e edição: Lizandra Magon de Almeida
Produção Editorial: Pólen Editorial
Revisão: Hed Ferri
Diagramação: Carolina Palharini, Carlos Borges e Júlia Yoshino
Capa e projeto gráfico: Carolina Palharini

1ª edição

Dados Internacionais de Catalogação na Publicação (CIP)
Angélica Ilacqua CRB-8/7057

Liderança e pessoas : Artigos de David Ulrich Claudio Fernández-Aráoz e outros grandes autores / Equipe editorial HSM ; organização de Lizandra Magon de Almeida. - São Paulo : HSM Editora, 2015.
112 p. (Conhecimento HSM)

ISBN:978-85-67389-44-8

1. Liderança 2. Administração de pessoal 3. Recursos humanos I. Almeida, Lizandra Magon de

14-0627 CDD 658.4052

Índices para catálogo sistemático:
1. Negociação

Fonte dos verbetes de quarta capa:
MICHAELIS. Dicionário de Português Online. São Paulo: Melhoramentos, s/d. Acesso em jul. 2015.

hsm EDUCAÇÃO EXECUTIVA
Alameda Tocantins, 125 — 34º andar
Barueri-SP. 06455-020
Vendas Corporativas: (11) 4689-6494

COLEÇÃO
conhecimento
hsm

Liderança e Pessoas

Artigos de David Ulrich
Claudio Fernández-Aráoz
e outros grandes autores

Coleção **conhecimento hsm**

A crise que abalou o mundo a partir de 2008 trouxe uma série de mudanças importantes ao cenário internacional de negócios. Na esteira da crise, o escândalo da Enron também obrigou as empresas a sair da zona de conforto no sentido de realmente adotar políticas de *compliance*.

Em paralelo, a globalização e o desenvolvimento das novas tecnologias da informação criaram paradigmas, e com isso muitas estratégias consagradas passaram a não fazer mais sentido. Questões prementes como desigualdade social e sustentabilidade foram incluídas na agenda das empresas de forma mais incisiva, trazendo novos desafios.

Diante disso, vários estudiosos começaram a rever suas teorias e postular mudanças, tentando ajudar as empresas a se adaptar à realidade que agora se impõe – e que muda a cada instante, exigindo uma flexibilidade sem precedentes do gestor.

A revista *HSM Management*, que sempre acompanhou de perto o pensamento internacional de gestão, vem cobrindo essas mudanças como nenhuma outra publicação brasileira, ao mesmo tempo em que contextualiza a visão de empresários brasileiros sobre os temas.

Nesta coletânea de artigos, apresentamos o que de melhor foi publicado pela revista em suas matérias originais, na segunda década do século 21, sempre com um viés prático, a fim de ajudar a traduzir os principais conceitos dos especialistas para o dia a dia das empresas.

Os dez livros da *Coleção Conhecimento HSM* – com temas de Liderança, Estratégia, Inovação e Tecnologia, Ética, Negociação, Sustentabilidade, Marketing, Varejo, Vendas e Empreendedorismo – certamente serão companhia indispensável ao gestor atual. Não pare por aqui, abra o livro e descubra como o mundo dos negócios pode ser mais bem entendido.

Boa leitura!

Liderança e Pessoas

Sumário

Talentos em primeiro lugar

por José Salibi Neto, Chief Knowledge Officer da HSM Management

Uma das maiores prioridades do líder, para o pensador Ram Charan, é o desenvolvimento de seus profissionais mais promissores. Segundo ele, os melhores presidentes dedicam 40% de seu tempo a essa atividade. Neste artigo, elaborado a partir de uma entrevista com o CKO da HSM, José Salibi Neto, Charan discorre sobre a fórmula 70-20-10 para as empresas desenvolverem seus profissionais e sua importância sobretudo para os países emergentes, conta o que aprendeu sobre a essência do talento com os competentes CEOs que assessora, reforça a validade dos fundamentos da gestão – "mais do que nunca".

"Master of the universe" foi uma expressão que ficou famosa por seu aspecto mais sombrio. Utilizada no final dos anos 1987 pelo escritor norte-americano Tom Wolfe no livro *A Fogueira das Vaidades*, "senhor do universo" descrevia os ambiciosos, inescrupulosos e egocêntricos homens de negócios de Wall Street e teve particular repercussão – e ressonância – na década de 1980. "Talent master", expressão do consultor e coach de CEOs Ram Charan, "pai" da execução, felizmente não tem nada que ver com Tom Wolfe , apesar de "talento" e "ego" serem conceitos que se sobrepõem na percepção de alguns. Para Charan, "mestre em talento" é a empresa que já compreendeu o único diferencial competitivo verdadeiramente possível nos negócios: profissionais talentosos.

Se é um pensamento elitista? Não para um indiano de mais de 70 anos que entende como sua missão na vida ajudar os gestores a resolver seus problemas. Segundo Charan, todo mundo tem algum talento – apenas é preciso descobri-lo, aplicá-lo na tarefa certa e amplificá-lo. No século 21, mais do que nunca, esse é o grande desafio das organizações. Sempre foi um desafio relevante, aliás, mas a diferença agora é que seu enfrentamento se tornou inadiável, dada a complexidade do ambiente de negócios.

Pessoas, pessoas, pessoas

Para Ram Charan, a grande fragilidade corporativa nos tempos atuais era a baixa capacidade de executar estratégias. Aos poucos, o cenário foi se modificando e outros problemas passaram a figurar na pauta de vulnerabilidades das empresas. Segundo Charam, o desafio-chave atual no mundo da gestão está relacionado com a escassez de talentos, tema que ele aborda em seu livro *O Líder que Cria Líderes* (Ed. Campus).

"O desafio é especialmente grande em mercados emergentes, que vêm crescendo muito e sendo as grandes estrelas deste mundo reconfigurado."

"Até provavelmente 2029, a reconfiguração do mundo estará acontecendo novamente, com muito dinheiro indo para a China, como antes foi para os Estados Unidos"

Essa reconfiguração do mundo, explica ele, está apenas começando. "A arquitetura econômica mudará de maneira muito drástica ainda. E é algo natural: o mundo se reconfigura de tempos em tempos", afirma. Segundo Charan, no século 19, os ingleses tinham tecnologia, os norte-americanos a compraram, usando dinheiro britânico para isso, e construíram os Estados Unidos. Agora, começando em 1979 e até provavelmente 2029, o que totaliza cinquenta anos, a reconfiguração acontece novamente, com muito dinheiro indo para construir a China como foi antes para construir os Estados Unidos.

A grande novidade deste mundo reconfigurado, explica, é que existe uma distinção muito clara entre os países com poder: há o grupo que tradicionalmente era dominante – Estados Unidos, Europa, Japão e talvez algumas porções, não completamente, da Austrália e do Canadá; há os países ricos em recursos naturais – Oriente Médio, porções da África do Sul, Brasil, partes da África, potências diferentes em um mundo diferente; e há os países de grande população, como China, Índia, Brasil e Rússia, onde todas as empresas vão querer estar para se posicionar e obter vantagens. É uma transformação gigantesca.

E para o consultor, não há talentos suficientes para dar conta desse novo poder. "Especialmente os países de poder emergente precisam identificar os talentos que existem na sociedade, como diamantes brutos, e desenvolvê-los. Proponho para isso minha regra dos 70-20-10, que significa 70% da experiência de desenvolvimento dos funcionários deve ser destinada à preparação *on-the-job* [no trabalho], 20% em sala de aula ou equivalente, e 10% cabem ao próprio profissional, que deve encontrar seu modo de acelerar o aprendizado."

Esforço no trabalho diário

Esse processo, esclarece, implica em uma mudança de mentalidade significativa. "Nos últimos cem anos, as empresas se dedicaram muito a aperfeiçoar seus sistemas de relatórios e suas análises financeiras, mas não investiram tempo e energia suficientes nos sistemas de pessoas. Aí se chegou à conclusão de que é melhor gastar mais tempo com as pessoas, porque são elas que entregam números, do que com números, que não entregam pessoas, e as organizações precisam adotar o novo paradigma."

Segundo Charan, os investimentos necessários para colocar em prática o sistema 70-20-10 não são muito altos. "Os 70% de desenvolvimento *on-the-job* de cada profissional não requerem tanto dinheiro assim – na verdade, o investimento fica perto de zero, porque demanda apenas o comprometimento de pessoas que treinam as outras pessoas, e o tempo ganho lá na frente compensa facilmente o tempo despendido. São os 20% de desenvolvimento em sala de aula que saem mais caro, além de oferecerem maior risco: afinal, os 20% não serão eficazes, nem suficientes, se os 70% de custos mais baixos não produzirem bons resultados."

Daí que a lógica operacional das empresas precisa ser mudada, completa. Segundo ele, os programas de trainees, feedback, coaching, seleção, avaliação etc. são extremamente importantes, cada vez mais. "É onde se faz a diferença", afirma. "As empresas têm de se tornar mestres em talento, capazes de identificar talentos brutos na escola, trazê-los para a empresa e fazê-los praticar, praticar, praticar."

Entre os exemplos de empresas "mestres em talento", ele cita General Electric, Procter & Gamble, Johnson & Johnson, Novartis e Unilever. "São cinco grandes provedoras de talentos do mundo, muito boas nisso. E todas elas, na prática, aplicam essa fórmula de que falei: 70% do esforço de treinamento é *on-the-job*, apoiados pelos 20% em salas de aula. Sua principal característica é que elas são realmente focadas em seu desenvolvimento de pessoal. Constroem sistemas próprios, vão atrás das ideias. Fazem as pessoas crescer no trabalho."

Quadro 1

As seis regras da execução eficaz

Para Ram Charan, em tempos incertos, os fundamentos da gestão são cada vez mais importantes. A seguir, uma lista com as seis regras da execução eficaz que, segundo ele, "não representam nada de novo, mas são todas imprescindíveis", especialmente diante da competitividade do século 21.

- Antecipar mudanças.
- Conhecer a fundo a própria empresa.
- Conhecer a fundo o setor em que atua.
- Conhecer bem as pessoas, para saber motivá-las e desenvolvê-las. É o "talent mastering". Sua orientação é se concentrar no talento bruto das pessoas, separar só suas qualidades, encontrar aquilo que cada uma nasceu para fazer.
- Ser preciso ao determinar prioridades com relação aos negócios.
- Cultivar hábitos profissionais saudáveis, como a necessidade de avaliações trimestrais, a busca do foco, disciplina e clareza sobre tarefas e objetivos. "Converse com todos, olhe nos olhos, defina quem vai fazer o que e quando, crie responsabilidades", costuma traduzir o consultor.

> **“As mestres em talento sabem que precisa haver movimento interno a fim de que se crie espaço para o talento emergente”**

Um dos principais resultados desse processo, afirma, é a redução do turnover. Se um profissional talentoso fica apenas dois ou três anos em uma companhia, por exemplo, pode significar que ela é um repelente de talentos. Mas, ao mesmo tempo, alguma rotatividade é bem-vinda. "Desde que não haja eliminações descabidas, a saída de uma porção de pessoas é fato positivo."

Nas empresas mestres em talento, continua, antes que a pessoa talentosa pense em sair, ela é desafiada. Com desafios e a possibilidade de crescimento pessoal, a probabilidade maior é que ela não saia. "As mestres em talento sabem que precisa haver movimento interno a fim de que se crie espaço para o talento emergente. Se uma pessoa cumpre a mesmíssima função há cinco ou seis anos, ela própria fica estagnada e atrapalha todo o sistema."

Outro ponto que ele enfatiza é que nas empresas mestres do talento, seus líderes devem ter essa característica, a começar pelos presidentes. A regra de ouro, afirma Charan, é o líder dedicar 40% de seu tempo a desenvolver talentos. "Ainda é muito raro ver algum CEO fazer isso nos dias de hoje, infelizmente. O CEO que tiver essa dedicação pessoal ao "talent mastering" é o que fará a mais eficaz das execuções. E líderes de outros níveis hierárquicos devem dar essa prioridade a pessoas também."

Em suas pesquisas e em seu trabalho de consultoria, Ram Charan teve contato com muitas companhias nos Estados Unidos, na Coreia do Sul e na Índia e, a partir daí, levantou as ideias e práticas que as diferenciam em talentos. Segundo ele, é possível resumir o resultado de sua pesquisa em cinco pontos:

- Os líderes seniores despendem muito mais tempo e recursos para conhecer e desenvolver seus talentos.
- Eles não delegam o desenvolvimento a outros departamentos ou técnicos.
- Eles reconhecem os talentos e se comprometem em desenvolvê-los rapidamente.
- Eles se ocupam em dar muitos feedbacks a seus profissionais talentosos.
- Eles dão muito mais atenção, de verdade, à ideia de que pessoas vêm antes de estratégia.

Responsabilidade individual

Para complementar o trabalho interno da empresa para o desenvolvimento de talentos, cabe ao indivíduo, muito mais do que à escola, fazer a sua parte. Charan acredita que "se o indivíduo quer acelerar seu aprendizado hoje, ele consegue, porque a maioria das escolas tem recursos diversos e pode proporcionar isso. As ferramentas que elas hoje têm podem realmente ajudar. O que as escolas não podem fazer, contudo, é criar líderes. Por isso, as empresas mestres em talento têm de selecionar pessoas que mostrem potencial para liderança num primeiro momento. Das escolas, deve-se esperar que façam aquilo a que se destinam".

Nesse sentido, explica, não é possível que escolas ensinem as questões de liderança para quem não a tenha vivenciado, a menos que haja um currículo diferente, que permita vivenciar a liderança e observar pessoas atuando como líderes. "O ensino de liderança por meio de livros acelera o desenvolvimento de líderes, mas não a liderança em si", reforça.

O líder do século 21

E o que é ser líder hoje? Em seu trabalho direto com alguns dos principais CEOs do mundo, Ram Charan aprende e ensina (veja Box 2). Segundo ele, seis pontos principais definem o líder atual:

- Eles buscam grandes ideias.
- Eles tentam aprender todos os dias, continuamente.

Quadro 2

Capacidade de ensinar

Em sua trajetória pessoal, Ram Charan se desenvolveu como coach de CEOs e dessa experiência também tira as lições que aplica em seu trabalho e em seus livros. Para ele, ensinar é uma prática que se relaciona a seus valores familiares, que têm que ver com tornar os outros melhores. "Eu fazia isso na universidade com meus alunos e agora faço nas empresas com seus presidentes", afirma.

Seu trabalho começou com uma interação com os CEOs, não exatamente com o coaching. "Eu me graduei em engenharia na Índia e logo fui trabalhar na Austrália; depois fui para o Havaí. Na Austrália, trabalhei diretamente para um CEO por 16 semanas e, mesmo jovem, sei que fui capaz de fazer diferença lá. Eles evoluíram a partir desse trabalho, chamaram-me a atenção para meu talento e enveredei por esse caminho", conta.

Ele acredita que coaching não é a melhor palavra para descrever o que faz. "Eu ajudo CEOs", afirma. "Eles gostam de saber de novas ideias e das melhores práticas que existem por aí; transmito isso e os ajudo a solucionar seus problemas. Outro aspecto importante de meu trabalho é antecipar as questões que chegarão a eles."

Todo o trabalho, segundo ele, parte de quatro perguntas iniciais:

- Qual é seu problema?
- Qual é a pergunta a fazer?
- Qual é a oportunidade?
- Onde posso ajudar?

Do relacionamento com os CEOs, por sua vez, Charan entende como pensam, como chegam ao objetivo em meio à confusão, como institucionalizam certos sistemas, como administram seu tempo e o que focam.

- Eles são curiosos.
- Eles são muito bons para lidar com pessoas – e, por tabela, com a ansiedade que elas sentem cada vez mais.
- Eles procuram evoluir como sistemas, em vez de fazê-lo apenas como pessoas.
- Eles administram seu tempo muito bem, compreendendo suas prioridades e sendo muito focados, algo simples de dizer, difícil de fazer.

Em tempos incertos como os atuais, é fundamental que o líder tenha a capacidade de dizer às pessoas: "Há incerteza e este é meu ponto de vista como líder; pode não ser correto, mas é a melhor aposta que tenho". Além disso, acredita, o líder precisa estar realmente ancorado, para conseguir somar inteligência – leia-se informação – à ação que se desenrola. Outro aspecto é preparar as pessoas a sua volta para pensar em caminhos alternativos conforme a crise continuar a se desenvolver.

Mas nada disso funciona se não houver confiança e fé no líder, ou seja, se o líder não tiver

O misterioso
Ram Charan

Indiano de Uttar Pradesh, no norte da Índia, Ram Charan é formado em engenharia mecânica pela Banaras Hindu University. Ele também demorou um pouco para descobrir sua vocação para administração de empresas; isso aconteceu quatro anos após sua graduação, por sugestão de colegas com que trabalhou, como engenheiro, em uma companhia elétrica na Austrália.

Chamado pela revista *Fast Company* de "man of mistery" [homem misterioso] e de "cavaleiro errante", Ram Charan pode ser descrito como um caso excepcional no mundo da gestão de empresas. Apesar de sua origem em um país emergente e de cultura bem diferente da ocidental, soube conquistar como ninguém a confiança e a admiração dos maiores CEOs do mundo. Tem sido a mão direita de inúmeros CEOs, que, modesto, prefere não citar. "Digo apenas que tenho muito orgulho de ter trabalhado com Jack Welch", gosta de observar.

Qual é o segredo de Charan? Segundo todas as fontes, Charan não diz o que os clientes esperam ouvir, ao contrário da maioria dos consultores. Tampouco afaga egos, quebrando o círculo vicioso que existe em torno das pessoas com poder nas organizações.

Parte disso o consultor deve a sua cultura, que pressupõe uma disciplina pessoal muito forte, com valores e responsabilidades bastante claros, porque, conforme o ensinamento das leituras em sânscrito: "Nós viemos para esta vida para fazer algo bom, ou seja, mais para fazer um sacrifício pessoal do que para o ganho pessoal". Como o próprio Charan define: "Diferentemente do mundo ocidental, onde você estabelece objetivos ambiciosos, na cultura indiana, quando você faz as coisas e seus valores estão lá, você já se sente satisfeito". Charan não criou família nuclear, não possui posses materiais significativas, não veste roupas caras nem joga golfe. Ele realmente vive para cumprir sua missão de ajudar as empresas a resolver problemas.

Entre os livros que publicou, bem acolhidos no meio empresarial, destacam-se *The Game Changer*, escrito com A.G. Lafley e lançado no Brasil com o título *O Jogo da Liderança, Liderança na Era da Turbulência Econômica, O Líder Criador de Líderes, Know-How: As 8 Competências que Separam os que Fazem dos que Não Fazem* e o best-seller *Execution*, escrito com Larry Bossidy, aqui intitulado *Desafio: Fazer Acontecer*. Todos foram publicados no País pela editora Campus/Elsevier.

> “Meus pensadores favoritos são os que tratam dos fundamentos, como Peter Drucker, C.K. Prahalad, Gary Hamel, Tom Peters e Michael Porter”

credibilidade. O lado emocional fundamenta a coragem para enfrentar a adversidade, o que vale muito a pena, porque, como é amplamente sabido, fraquezas podem ser convertidas em oportunidades. “A neurociência já nos mostrou que, quando as pessoas trabalham juntas e a confiança está lá, ela tem efeito curativo sobre o cérebro, o que gera mais coragem para enfrentar adversidades. Credibilidade e, a causadora dela, integridade são os dois traços realmente essenciais a um líder, porque são os geradores de confiança. O resto é variável.”

Um aspecto que pode dificultar o trabalho do líder é a solidão. Para não ficar só, explica Charan, ele precisa ter pelo menos uma “caixa de ressonância” que seja sincera. “É um indivíduo – um funcionário, alguém de fora, um membro do conselho de administração – com quem o líder possa testar uma ideia sem ter de se preocupar com confidencialidade. Um coach de linha comportamental pode ajudar o CEO a obter feedback e a aperfeiçoar seus comportamentos e sistemas, mas, hoje em dia, o tema-chave é a complexidade, a ambiguidade. Como minimizá-lo? Com a caixa de ressonância, para ver com mais olhos.”

Apesar das incertezas, Charan acredita que nada mudou de fato no front dos negócios. Daí a necessidade irrevogável de compreender os fundamentos. “Não é possível lidar com a ambiguidade se não se conhecer o básico. É aí que as coisas costumam desabar, por sinal. Isso eu aprendi com os CEOs mais bem-sucedidos do planeta. Eles reduzem toda a complexidade ao básico e, então, sabem como navegá-la. Meus pensadores favoritos são os que tratam dos fundamentos, como Peter Drucker, C.K. Prahalad, Gary Hamel, Tom Peters e Michael Porter.”

Richard Branson, o líder 2020?

por Florencia Lafuente, colaboradora de HSM Management

O fundador e presidente do Virgin Group, um dos empresários mais admirados do planeta, defende seu arquétipo de liderança no século 21. Com seu jeito iconoclasta de gerir e divulgar seus negócios, é um daqueles empreendedores ousados que quebram barreiras e deixam sua marca. Entre elas, dominar o mercado de viagens espaciais de lazer.

Aos 61 anos, ele é carismático, tímido e gentil. Também é um iconoclasta, com marca própria, e quase um espetáculo ambulante. Para promover sua empresa, fantasiou-se de noiva, pirata e piloto, tentou atravessar o oceano Pacífico em um balão e o Atlântico em um barco a motor. Desde 2007, vem anunciando voos espaciais que, apesar de ainda não terem decolado, continuam sendo a menina de seus olhos.

Adorado pelos funcionários e imitado pelos empreendedores, é considerado um herói na Inglaterra. Acima de tudo, Richard Branson parece ser um dos arquétipos de liderança empresarial que servem de espelho aos gestores mais ambiciosos.

Rico e divertido

Branson nasceu em Blackheath, arredores de Londres. Tem uma fortuna estimada em US$ 5 bilhões (a 12ª do Reino Unido e a 330ª do mundo, segundo a revista *Forbes* em 2015) e lidera um conglomerado eclético: o Virgin Group, com cerca de 350 empresas em setores que variam de aviação e telecomunicações a saúde e viagens aeroespaciais. Em 2011, o grupo, que conta com aproximadamente 50 mil funcionários e atua em mais de 30 países, movimentou US$ 21 bilhões.

Ele pode ser considerado bem-sucedido em quase tudo que faz e exemplo de líder global, embora diga que o segredo está em apostar só em diversão. (Isso inclui até a maior casa noturna gay de Londres, a Heaven, que comprou em 1981.) Demais segredos? Amar os outros e não deixar que o sucesso suba à cabeça. Alguns acrescentariam o exagero à lista.

Branson não acredita em Deus e conta que seus pais o educaram para sempre procurar o que as pessoas têm de melhor – para ele, o maior atributo de todo e qualquer líder. "Se quem chefia não faz isso com sua equipe, é difícil ter sucesso em uma iniciativa. Quando eu era criança, sempre que criticava alguém minha mãe me colocava diante do espelho e dizia: 'Os defeitos que você aponta nos outros refletem os seus'. Aprendi a olhar as pessoas com atenção."

No entanto, as lições também vieram de outras fontes. Disléxico, Branson abandonou os estudos aos 15 anos por não se julgar capaz de acompanhar o ritmo. No livro *Screw Business as Usual* (ed. Portfolio/Penguin), diz que essa dificuldade o ajudou, porque o ensinou a delegar. "A dislexia me obrigou a me relacionar com o mundo de outra maneira. Como não conseguia analisar os detalhes, desenvolvi uma visão global. Aprendi a ouvir e acho que por isso consegui identificar oportunidades em setores tão variados. Mas sei que os detalhes são cruciais e me cerco de pessoas capazes de investigar as coisas a fundo."

O mundo nos ombros

O presidente da Virgin tem uma visão clara do que deseja – e do que gostaria de mudar. Acredita que, na posição em que está ("o dinheiro traz responsabilidades"), seu papel é contribuir para o bem comum e para a solução dos conflitos mundiais.

Branson quer redefinir o capitalismo e transformá-lo em uma força do bem. Sua última iniciativa, "Capitalismo 24902" (circunferência da Terra em milhas), resume a teoria de que as empresas precisam se unir a governos e comunidades para mudar o cenário de fome, guerras e danos ambientais. Em *Screw Business as Usual*, ele defende que as companhias devem promover iniciativas voltadas para o bem e não apenas para os lucros.

Poucos líderes estão qualificados para assumir a dianteira da defesa de causas globais e tratar das necessidades de uma economia dinâmica, incerta e em transformação. Branson, porém, é um líder versátil, que repete que não se sente preso ao passado e por isso consegue se reinventar. Sua mãe, Eve, fez dele um "espírito independente". Na autobiografia *Perdendo Minha Virgindade* (Ed. Cultura), conta que, quando tinha 5 anos, a mãe o deixou em um campo a quase quatro quilômetros de casa e ele teve de encontrar o caminho sozinho. "Sempre que enfrento um problema, me recupero e tento outra vez. Minha mãe me ensinou a não olhar para trás com arrependimento, mas a enfrentar o desafio seguinte."

"Se uma organização consegue se transformar em uma força do bem, terá bons resultados. Uma empresa é mais do que uma máquina de fazer dinheiro"

Em 2004, criou, com os colaboradores, a fundação Virgin Unite. Objetivo: permitir que toda a equipe atue de modo voluntário para a geração de uma mudança sustentável, apoiando projetos voltados para temas sociais e ambientais. Um "apêndice" dessa iniciativa é a Carbon War Room, que tenta capitalizar ideias radicais para conter o aquecimento global. Em 2007, ela lançou o desafio Virgin Earth Challenge, que oferece prêmio de US$ 25 milhões a quem apresentar uma solução tecnológica economicamente viável para extrair carbono da atmosfera.

Branson é amigo do cantor Peter Gabriel, reconhecido pela militância em prol dos direitos humanos. Em uma conversa, a dupla teve a ideia de reunir um grupo de líderes mundiais independentes para formar o que mais tarde ficaria conhecido como The Elders, um "comitê" de conselheiros voltados para a luta pela paz. Em 2001, Gabriel e Branson convenceram Nelson Mandela a abraçar a ideia e seis anos depois a organização foi fundada oficialmente. Hoje, a The Elders é presidida por Desmond Tutu, arcebispo emérito da Cidade do Cabo, e reúne mais dez personalidades mundiais, entre elas os ex-presidentes Fernando Henrique Cardoso e Jimmy Carter e a ex-primeira-ministra da Noruega Gro Brundtland, que colocou a sustentabilidade na agenda mundial.

Paralelamente, Branson coordena um grupo de líderes empresariais em busca de novas regras de atuação. "Os parâmetros servirão para avaliar não apenas os resultados trimestrais, mas também prioridades como a contribuição social. Se uma organização consegue se transformar em uma força do bem, terá bons resultados. Uma empresa é mais do que uma máquina de fazer dinheiro", acredita.

Todos os lucros do Virgin Group no setor aeronáutico são destinados a investimentos em energia limpa. A empresa já direcionou mais de US$ 3 bilhões para o desenvolvimento de combustíveis alternativos para aviões e, entre outros projetos, tenta transformar em energia a fumaça liberada pelas siderúrgicas.

Tudo é possível

Branson é um sonhador de sonhos que se realizam e atribui o fato à filosofia de se manter "afastado dos pessimistas". "Desde minha adolescência, sempre quis fazer diferença. Todos os que querem criar uma empresa não devem pensar em como ganhar muito dinheiro, e sim em como mudar a vida das pessoas, em como fazer bem o que os outros fazem mal. Pensamos assim quando criamos a Virgin e nunca deixamos de pagar as contas."

E muito do que Branson fez não teria virado realidade se ele submetesse a proposta a seus contadores. Especialista em tomar decisões rápidas, tem uma ideia pela manhã e à tarde ela está implantada. "Não avalio o risco, não faço muitos cálculos e costumo mergulhar quando sinto que posso melhorar algo. Depois penso nos números."

Sempre que um de seus empreendimentos parece grande demais, Branson aposta na divisão e cria uma empresa. "Manter as coisas simples significa preservar um nível pessoal." Na Virgin, essa atmosfera familiar fez surgir uma cultura amigável, livre de hierarquias e preparada para as mudanças. Branson, que prefere colaboradores inconformados e originais, sempre tentou conter a burocracia para estimular o espírito empreendedor. Não acredita em reuniões formais de diretoria e estimula os funcionários a procurá-lo diretamente para apresentar ideias ou debater assuntos polêmicos.

Em seu grupo, a regra é: "Divirta-se". "Se quem comanda está à vontade, os outros se sentem livres para mostrar como são", destaca. Defensor do poder do elogio, põe os funcionários em primeiro lugar, seguidos dos clientes e só então dos acionistas.

Um modelo a seguir

Em uma pesquisa realizada pela BBC sobre quem eram as pessoas ideais para reescrever os dez mandamentos, Richard Branson apareceu em quarto lugar, depois da madre Teresa de Calcutá, do papa e do arcebispo de Canterbury. Em outra consulta, promovida pelo jornal *Evening Standard*, sobre quem deveria assumir a prefeitura de Londres, a maioria dos entrevistados apontou o nome do executivo.

Por algum motivo, toda a sua riqueza não o incomoda – e isso pode ser explicado por sua credibilidade e encanto, já que nunca se incomodou de se revelar uma pessoa vulnerável.

Branson é dono de uma ilha no Caribe, a Necker Island, que virou notícia em agosto de 2011 porque 20 convidados famosos tiveram de escapar no meio da noite depois que um raio atingiu e destruiu a casa – às vezes alugada a personalidades como Steven Spielberg, Kevin Costner e Phil Collins.

O CEO da Virgin declarou que se desloca pela capital inglesa de táxi, porque não gosta de deixar ninguém esperando por ele. "Barcos, jatos particulares e limusines imensas não fazem ninguém aproveitar melhor a vida. Seria muito bom se o dinheiro gasto nisso fosse investido na África."

"Não avalio o risco, não faço muitos cálculos e costumo mergulhar quando sinto que posso melhorar algo. Depois penso nos números"

Branson morou por alguns anos a bordo de um barco no rio Tâmisa. Era a década de 1980 (cerca de dez anos após a fundação da Virgin) e o começo do relacionamento com Joan Templeman, sua esposa e mãe de seus dois filhos. Com a chegada das crianças, o casal se mudou para uma casa perto do Holland Park, uma das mais bonitas de Londres. No mesmo endereço funcionava o escritório da Virgin, depois transferido para as imediações.

"Seu nome e sua marca são uma promessa. Nunca permita que a falta de experiência o detenha." Essa crença move os passos de Branson desde o primeiro empreendimento, a revista *The Student*, que se propunha ser um espaço de debate para os jovens que, entre outras coisas, condenavam a Guerra do Vietnã. Mesmo sem vivência em jornalismo, entrevistou John Lennon e o convenceu a gravar uma

“Entrevistou John Lennon e o convenceu a gravar uma música inédita, distribuída com sua revista *The Student*”

música inédita, distribuída com a revista. “Queria ser um editor; não ambicionava criar um império”, conta.

A ousadia ajudou a consolidar a fama de líder, e praticamente todas as suas empresas abalaram os setores em que atuam. Exemplos famosos são as experiências da Virgin Music e da Virgin Atlantic. Na década de 1970, a gravadora assinou contratos com grupos recusados pela concorrência, como o Sex Pistols. Tirando os problemas com a polícia, que chegou a invadir as lojas em busca de material da polêmica banda, a audácia firmou a Virgin Music na vanguarda musical do punk rock. Já a Virgin Atlantic mudou a experiência de voo ao oferecer conforto e lazer quando as demais companhias não prestavam atenção às necessidades dos clientes.

Em 1984, Branson decidiu criar a Virgin Atlantic quase por acaso, como ocorreu também com a Virgin Brides. Se esta surgiu quando uma das aeromoças comentou sobre a dificuldade de organizar um casamento, aquela nasceu da proposta de sociedade vinda de um advogado desconhecido em uma festa – a falência da Laker Airways, primeira companhia aérea de baixo custo, havia deixado sem dono uma licença de voo entre Gatwick, em Londres, e Newark, em Nova Jersey, EUA. O gestor da Lake Airways o aconselhou: “Para sobreviver aos enormes investimentos em marketing da British Airways e da Pan Am, você terá de usar sua imagem como propaganda”.

Os sete princípios da liderança sustentável

por David Ulrich e Norm Smallwood, fundadores e sócios do RBL Group

Depois de entender por que a liderança importa e o que a torna eficaz, os líderes precisam vencer uma nova etapa, capacitando-se a se apropriar daquilo que aprendem. Isso gerará para a empresa o que é chamado aqui de "liderança sustentável" – ou seja, que é sustentada ao longo do tempo; não há relação com preocupações socioambientais. Agora, portanto, o exercício da liderança inclui a incorporação sistemática de sete princípios que permitem implementar os aprendizados obtidos em treinamentos, cursos, leituras e coachings. Entre eles estão o princípio de praticar a simplicidade em face da complexidade, o de adotar métricas para o comportamento almejado e o de garantir a distribuição do tempo conforme as novas prioridades.

Uma de nossas charges preferidas mostra um grupo de perus no segundo dia de aula de um programa de treinamento para aprender a voar. Eles são instruídos sobre os princípios de aerodinâmica e praticam voo pela manhã, à tarde e à noite. Aprendem a voar a favor e contra o vento, sobre montanhas e planícies, em grupo e sozinhos.

Ao cabo de dois dias, o que acontece? Eles vão andando para casa.

É muito frequente que o desejo de melhoria da liderança seja arruinado diante da realidade e de ventos contrários a que a mudança perdure. Podemos organizar os mais diversos eventos para promover a liderança, como treinamentos e coaching, nos quais indivíduos aprendem por que devem liderar e o que fazer para serem líderes melhores. Mas sempre descobrimos que o maior desafio é converter o aprendizado

Evolução do pensamento da liderança

ETAPA DA LIDERANÇA	QUESTIONAMENTOS COMUNS
1. Necessidade	**Por quê?** Por que a liderança importa?
2. Visão	**O quê?** Qual é nossa teoria de liderança? O que significa ser um líder eficaz? Quais são os padrões corretos de liderança?
3. Ação	**Como?** Como me torno um líder melhor? Como minha organização sustenta a liderança ao inseri-la na malha dos sistemas organizacionais?

de tais eventos (o voo dos perus) em um padrão contínuo (para que, depois de tudo, não continuem a andar). Trata-se de criar padrões de sustentabilidade da liderança.

A maior parte dos bons líderes quer sinceramente ser melhor. Para se aperfeiçoar, eles frequentam treinamentos que apresentam o que há de mais recente em princípios de liderança eficaz. Além disso, contratam especialistas que os ajudam a perceber seu comportamento e a mudá-lo, fazem avaliações 360° para entender como os outros os veem e ouvem atentamente cada feedback a respeito de seu desempenho, ocasião em que são orientados sobre como ser melhores.

Os bons líderes são abertos a aprender e se aprimorar. Após treinamento, desenvolvimento, coaching e feedback 360°, a maioria deles está decidida a aplicar o novo conhecimento e a ser mais eficaz.

Quadro 1

FALHAS FREQUENTES

Falha de pensamento: ninguém defende bem a causa da liderança.

Falha de precisão: líderes e liderança não fazem as coisas certas.

Falha de sustentabilidade: líderes não terminam o que começam.

Infelizmente, poucos conseguem implementar essas boas intenções. Ao final de cada esforço de melhoria da liderança, os participantes precisam de disciplina para fazer o que desejam e, então, transformar aspirações em ações. Os líderes devem sustentar as mudanças que necessitam fazer, ou seja, têm de construir a sustentabilidade de sua liderança.

O conceito de sustentabilidade surge da consideração do ambiente e do contexto da organização. A sustentabilidade da liderança não se refere apenas ao que o líder faz, mas também a como os outros são impactados por suas ações. Nós nos julgamos por nossas intenções, mas os outros nos julgam por nosso comportamento.

Quando a liderança é sustentável

Enquanto sustentabilidade ambiental diz respeito ao cuidado com os recursos da Terra mediante a redução da pegada de carbono, entre outras coisas, a sustentabilidade da liderança está relacionada com o cuidado com os recursos da organização por meio de padrões de liderança que sejam passíveis de adaptação e mudança e coerentes com os requisitos organizacionais.

Ser sustentável é retribuir à sociedade com iniciativas de responsabilidade social. A liderança sustentável ocorre quando os líderes assumem responsabilidade pessoal por fazerem o que dizem fazer e por aquilo que sabem que devem fazer. A sustentabilidade exige compromisso de longo prazo com a mudança do mundo em que vivemos e trabalhamos. A sustentabilidade da liderança é um compromisso duradouro com a mudança pessoal. Pode ter início com a capacidade de aprendizado, mas tem de se fazer notar nas ações de liderança.

A sustentabilidade da liderança é importante e constitui o próximo passo para o real aperfeiçoamento da liderança. Acreditamos que os desafios da liderança podem ser agrupados em três questões:

Etapa "por que a liderança importa"

Em nosso trabalho, exploramos cinco esferas de resultados da ação dos líderes, a saber:

- **Funcionários:** líderes aumentam a produtividade ao construir competência, compromisso e contribuição entre a força de trabalho.
- **Organização:** líderes têm de construir competências sustentáveis que moldem a identidade da empresa.
- **Clientes:** líderes garantem o atendimento aos clientes ao criar relações de longo prazo que encantam seu público-alvo.
- **Investidores:** líderes constroem valor intangível, o qual corresponde a cerca de 50% do valor de mercado de uma empresa, ao gerar a confiança dos investidores em ganhos futuros.
- **Comunidade:** líderes estabelecem a reputação de sua organização ao se tornar cidadãos ativos na comunidade.

Por entregarem esses resultados, os líderes são importantes tanto dentro como fora das empresas.

Etapa "o que torna a liderança eficaz"

Se a liderança importa, então o que os líderes devem saber e realizar para fazerem tanta diferença? Conforme pensamos sobre essa questão, começamos a focar a importância da marca como metáfora para a definição da liderança.

O conceito "marca da liderança" para designar a liderança eficaz, com o qual nós trabalhamos, advém de duas mudanças conceituais no pensamento sobre a liderança: a marca da liderança oferece uma definição robusta sobre o que torna alguém um líder eficaz. Ela traduz as expectativas dos clientes em comportamentos internos, de modo que os líderes se certifiquem de que os funcionários entreguem a experiência desejada ao cliente sempre que estiverem em contato com ele.

Descobrimos, ainda, que a marca da liderança é constituída de dois elementos: o código e os diferenciadores. O código da liderança representa os fundamentos que os líderes têm de dominar. Identificamos cinco domínios que compõem a eficácia da liderança; eles determinam que os líderes sejam: de maneira coerente com o uso da palavra "marca"; também acreditamos que os líderes precisam amarrar seu conhecimento e comportamento às expectativas dos clientes externos; nós – e muitos outros – articulamos por que a liderança importa e como é a boa liderança; passamos dias debruçados sobre o "porquê" e o "quê" da liderança; porém ainda lutamos para decifrar o "como".

Etapa "como sustentar a melhoria da liderança" (E OS PRINCÍPIOS PARA ISSO)

A maioria dos líderes com quem trabalhamos, se não todos, conhece a importância da liderança para o sucesso de suas organizações e quer ser melhor em liderar, o que leva os líderes a assumir metas de aperfeiçoamento pessoal, participar de treinamentos e atividades de desenvolvimento e investir na liderança de outros em suas empresas.

Nesse sentido, em workshops ou sessões de coaching, costumamos começar com três questões:

- "Em uma escala que considera a nota 1 como baixa e 10 como alta, quão importante é a liderança tanto para seu sucesso como para o sucesso da companhia?" A maioria responde 8, 9 ou 10.
- "O que, especificamente, você precisa fazer para ser um líder mais eficaz?" A maior parte dos líderes consegue rapidamente escrever dois ou três comportamentos desejados.

- "Há quanto tempo você sabe que tem de melhorar esses comportamentos?" A maioria reconhece, timidamente, que sabe o que é preciso melhorar há três, seis, doze meses ou mais; alguns, há décadas.

Nesse exercício simples, não levamos em conta "quês" e "porquês" da liderança, mas a maioria dos indagados não consegue vislumbrar os aperfeiçoamentos a que aspiram. Esse aprimoramento pode vir de um desejo forte de liderar melhor ou de ser capaz de lapidar as habilidades corretas. Ao focar a atenção nos "comos", os líderes reforçam o modo de sustentar o progresso desejado.

A fim de desvendar como construir a sustentabilidade da liderança, estudamos e sintetizamos vasta literatura [veja no quadro 3] para identificar os sete princípios da mudança sustentável.

1. Simplicidade

A simplicidade remete à importância de focar comportamentos fundamentais que farão toda a diferença na maioria das questões. O mundo se torna cada vez mais complexo, conforme a tecnologia transforma acontecimentos globais em notícias locais. Os líderes têm de enfrentar a complexidade não apenas no mundo que os circunda, mas também em seu estilo pessoal de liderança. A maioria dos líderes cria lista de coisas que precisa mudar, porém fica sobrecarregada quando tenta mudá-las todas de uma vez.

A sustentabilidade da liderança requer encontrar a simplicidade em face da complexidade e substituir a confusão conceitual por soluções simples. Isso exige priorizar os comportamentos que mais importam, deixar de lado a análise e partir para a ação com determinação, converter fenômenos complexos em padrões simples e realizar a mudança sequencialmente.

2. Tempo

Os líderes frequentemente têm de passar pela prova da agenda, que envolve a questão da alocação de dias, horas, momentos.

Sempre pedimos aos líderes aos quais prestamos o serviço de coaching que nos contem suas prioridades, algo que todos conseguem relatar. Então, solicitamos que revejam sua agenda dos últimos 30 ou 90 dias e nos mostrem quanto tempo despenderam nessas prioridades – um exercício que costuma revelar lacunas desconcertantes entre intenção e realidade.

Líderes eficazes incorporam seu comportamento desejado a sua agenda e isso fica demonstrado na maneira como gastam seu tempo. Os funcionários levam em conta mais o que os líderes fazem do que o que os ouvem dizer que fazem.

A sustentabilidade da liderança é evidenciada por onde e como investimos o tempo, assim como com quem e em que assuntos. Quando os líderes investirem tempo com o mesmo cuidado com que investem dinheiro, a mudança terá mais probabilidade de ocorrer.

3. Responsabilidade pessoal

Um ciclo de ceticismo é deflagrado quando os líderes anunciam aspirações maravilhosas (declarações de visão e missão e estratégias), mas falham na entrega. Ao longo do tempo, esse ciclo mina a confiança e erode o comprometimento. A sustentabilidade da liderança exige que os líderes assumam responsabilidade pessoal por garantir que eles façam o que dizem fazer. A responsabilidade aumenta quando os líderes esperam e aceitam comprometimento pessoal e dos outros e monitoram tal comprometimento.

Ao longo do tempo, a liderança se torna sustentável quando a agenda do líder vira a agenda de outros.

4. Provisão de recursos para a mudança

Provisão de recursos implica institucionalização. Steve Kerr, especialista em aprendizado, inteligentemente observou que um desafio do treinamento é tornar natural e realizável em lugar natural um ato não natural, aprendido em local igualmente não natural. Por exemplo, o ato de ouvir o outro não é natural para um gestor e é aprendido em um programa de treinamento, que também não é seu dia a dia. O gestor precisa conseguir ser um ouvidor em seu hábitat, que é a empresa. O coaching e as práticas de recursos humanos criam parte da infraestrutura da sustentabilidade. O consultor MarshallGoldsmith descobriu que, quando líderes têm coaching contínuo, tendem a realizar a mudança comportamental desejada. Nós descobrimos que um misto de autocoaching, coaching realizado por especialista, coaching pelos pares e coaching pelo chefe pode apoiar a mudança sustentável.

As práticas de RH com frequência definem e criam a cultura organizacional. Seleção, promoção, desenvolvimento de carreira, planejamento sucessório, avaliação de desempenho, comunicação, políticas e design organizacional podem também ser alinhados para apoiar a mudança da liderança.

5. Acompanhamento

As máximas são verdadeiras: você obtém o que você inspeciona e não o que espera obter; você e todos os demais fazem aquilo para o que são recompensados; não se pode recompensar algo e esperar que outra coisa aconteça. Assim, os líderes têm de medir seu comportamento e seus resultados de maneira específica. A menos que os comportamentos e as mudanças desejadas sejam traduzidos em ações, quantificados e acompanhados, eles não serão mais do que algo bonito de contemplar, com pouca possibilidade de implementação. Métricas efetivas para o comportamento da liderança precisam ser transparentes, fáceis, oportunas e atreladas a consequências.

A sustentabilidade da liderança pode ser inserida em scorecards e até tornar-se seu próprio scorecard para assegurar que os líderes monitorem como estão se saindo.

6. Aperfeiçoamento

"Aperfeiçoamento" ou, em inglês, "melioration" são os termos usados para designar um conjunto de ações e atitudes que visam tornar as coisas melhores. Os líderes melhoram quando se aprimoram ao aprender com erros e fracassos e demonstram resiliência. A mudança não é linear. Não costumamos começar no ponto A e terminar, após progressão lógica e suave, no ponto Z. Na maior parte do tempo, tentamos, erramos (ou acertamos), tentamos de novo, erramos mais uma vez e assim por diante. Quando aprendemos a cada tentativa, os resultados pretendidos eventualmente surgirão.

A sustentabilidade da liderança pede que os líderes dominem os princípios do aprendizado: fazer experimentos frequentemente, refletir sempre, tornar-se resiliente, encarar o fracasso, não se acostumar ao sucesso e improvisar continuamente.

7. Emoção

Os líderes que sustentam a mudança têm paixão pelas mudanças que precisam realizar. A mudança sustentável exige tanto coração como cabeça; requer uma forte agenda emocional, e não simplesmente intelectual, não importando quão lógica e convincente possa ser. A ação sem paixão não perdura, tampouco a paixão sem ação. Os líderes garantem a emoção ao se basear em seus valores mais profundos e encontrar o significado do trabalho que realizam. A sustentabilidade da liderança ocorre quando os líderes não apenas sabem, mas também sentem o que têm de fazer para se aprimorar. Essa paixão aumenta quando os líderes veem a mudança desejada como parte de sua identidade e propósito pessoal, quando suas mudanças moldam suas relações com os outros e quando elas mudam a cultura do ambiente de trabalho.

Começando comigo

Os sete princípios da liderança sustentável formam, em inglês, o acrônimo "Start me" (com as iniciais de simplicity, time, accountability, resourcing, tracking, melioration e emotion). Pensamos ser adequado, porque, para cada um de nós, a sustentabilidade "começa comigo".

Essas sete disciplinas transformam esperança em realidade. Os líderes que as aplicam vão além dos "quês" e "porquês" da liderança e atingem os "comos".

Estamos convencidos de que ainda não captamos tudo o que ampliará a sustentabilidade da liderança, porque esse é um processo que leva tempo e experiência, mas os sete princípios devem servir de base tanto aos esforços pessoais dos líderes (para que aumentem sua capacidade de liderar) como aos investimentos organizacionais pró-liderança.

Quando houver um treinamento de liderança, seu impacto aumentará se os participantes estiverem atentos aos sete fatores ao refletir sobre como transformar seu aprendizado em ação. Quando um aspirante a líder receber feedback 360°, o plano de ação pessoal será mais sustentável levando em conta os sete fatores. Quando o plano de desenvolvimento de liderança da organização for revisado, os executivos poderão confiar mais no retorno sobre o investimento se focarem os sete princípios.

Os líderes importam. A liderança importa mais. E a sustentabilidade da liderança importa mais ainda.

Quadro 2

7 perguntas a Ulrich, por Adriana Salles Gomes

Em se tratando de liderança empresarial, quão sustentável é o conceito de sustentabilidade? Ele é capaz de superar o ceticismo geral, os jogos de poder, os preconceitos com o modismo da responsabilidade socioambiental, as pressões de investidores? Ele pode conquistar também os gestores – incluindo a média gerência–, além dos líderes? E os jovens profissionais? Descobrir tudo isso foi a intenção de HSM Management em sete perguntas diretas da editora-executiva Adriana Salles Gomes ao especialista David (ou Dave) Ulrich. E ele deu sete respostas diretas.

1. A palavra "sustentabilidade" é moda no mundo corporativo e, como tal, já sofre desgastes. O que o sr. diria a executivos que rejeitem de antemão a aplicação do adjetivo "sustentável" a liderança? Essa foi uma boa escolha de palavra?

Em primeiro lugar, reforço que o sentido da "sustentabilidade da liderança" é o de entregarmos o que prometemos, fazermos o que dizemos que faremos. Não nos referimos à sustentabilidade ambiental ou à responsabilidade social. Em segundo lugar, digo que os executivos devem combater a hipocrisia em si mesmos. Henry Mintzberg dá um grande exemplo de falta de sustentabilidade por hipocrisia quando afirma que, se os lucros caem, o compromisso do líder com as pessoas termina e, então, milhares são demitidos. Líderes não podem prometer emprego estável e depois tirá-lo de uma hora para outra.

2. Os líderes sustentáveis na prática não são aqueles que se sustentam no cargo porque servem principalmente aos acionistas? Ou porque se encaixam na burocracia? Em seu livro mais recente, Clayton Christensen afirma que pessoas inovadoras tendem a deixar as empresas por não suportarem a burocracia...

O compromisso dos líderes deve ser firmado com os diversos stakeholders, o que inclui também os acionistas. Servir a dois ou mais senhores é necessário e digo mais: é perfeitamente factível. Por exemplo, quando funcionários encontram significado no trabalho, são mais produtivos e geram valor para o acionista por meio de ativos intangíveis.

Quanto à burocracia, o escritor C.S. Lewis oferece-nos uma história maravilhosa que descreve o inferno: as pessoas estão sentadas em volta de uma mesa na qual há pratos espetaculares, mas os garfos estão amarrados a seus braços, de modo que não conseguem comer. No inferno, todo mundo morre de fome porque não pode levar o garfo à boca. O paraíso, de outro lado, surge quando as pessoas dão comida umas às outras.

O que quero dizer é que precisamos sobretudo de colaboração, e a falta dela é a maior praga das empresas. Indivíduos isolados, por mais inovadores que sejam, não criam inovação de longo prazo. Infelizmente, coisas negativas como isso que disse Christensen acontecem de fato, mas os líderes sustentáveis saberão construir grandes organizações que inspirem os funcionários a inovar.

Gary Hamel e eu estamos pesquisando empresas de vanguarda que criam escala e controle sem mecanismos hierárquicos tradicionais e um de nossos primeiros achados é que organizações existentes conseguem inovar.

3. Como Henry Mintzberg, o sr. acredita que enfatizar tanto os líderes – colocando-lhes agora o desafio da sustentabilidade – pode desvalorizar os gestores?

A diferença entre gestores e líderes, que, tradicionalmente, acadêmicos como Peter Drucker e Mintzberg postulam, é útil ao destacar papéis e resultados de cada posição. Mas a questão é que são ambos necessários ao sucesso: se os líderes definem a visão e os gestores a executam, ambos são essenciais à liderança bem-sucedida. Assim, a dicotomia líderes-gestores é, de certo modo, falsa. Tudo isso é liderança e incluo ambos no conceito de "liderança sustentável".

No conceito de sustentabilidade da liderança, os líderes que definem a visão devem fazê-la acontecer e os gestores que constroem a infraestrutura têm de implementar os processos. Os sete princípios da sustentabilidade que listamos no artigo escrito para vocês, e no novo livro, permitem que os líderes liderem e os gestores cuidem da gestão.

4. A mudança na direção da sustentabilidade é compatível com o tão propalado foco em resultados de curto prazo?

Sim, nossa visão de liderança sustentável coloca muita ênfase nos resultados, já que preconiza que se faça o que precisa ser feito. As métricas de curto prazo têm de ser atingidas para abrir caminho ao sucesso futuro.

5. O sr. tem acompanhado o caso de Indra Nooyi, CEO da PepsiCo, que teve de dar um passo atrás ao implementar seu aprendizado – visto como um aperfeiçoamento estratégico – por causa da pressão dos investidores de Wall Street?

Nunca trabalhei com Nooyi, mas eu a aconselharia a dedicar tempo para fazer com que os investidores enxerguem que ela leva realmente a sério a gestão de múltiplos stakeholders, não só de alguns. Se alguém se concentra apenas em responsabilidade social à custa dos lucros, os investidores não estão bem servidos, concorda?

Administrar a tensão inerente aos diferentes stakeholders exige que o líder aprenda a gerir paradoxos e polaridades. Requer que ele encontre um ponto em comum, tal como mostrar que o comprometimento dos funcionários leva à confiança do investidor, e um ponto mais elevado, como a construção de um propósito comum que afete funcionários e clientes.

6. Jeffrey Pfeffer, de Stanford, defende que o ambiente de poder é basicamente o mesmo desde os tempos de Nicolau Maquiavel, do que se deduz que o líder deve passar mais tempo com as exigências do poder do que com as questões

que importam à empresa e aos stakeholders. Talvez isso explique por que Bill George, de Harvard, disse em nossa revista que os anos 2000 foram a década perdida da liderança. O que o sr. pensa a esse respeito?

Ainda vale o fato de que líderes somente lideram quando influenciam pessoas, como afirmam Pfeffer e, antes dele, Maquiavel. Mas os recursos para influenciar vêm mudando – de "cargo e título" para "relações e propósito". As pessoas são mais dispostas a seguir o líder quando o respeitam e quando ele as ajuda a encontrar significado em sua vida pessoal.

Quanto a Bill George, eu diria que é fácil ser cético e focar o que está errado; tendo a ser mais equilibrado. Enxergo uma distribuição do tipo 20-60-20 entre líderes e todos que estão liderando mudanças: 20% são líderes excepcionais, isto é, fazem a coisa certa do jeito certo; 20% nunca chegarão lá de fato; e 60% podem melhorar. Devemos focar esses 60%.

Além disso, temos de lembrar que o padrão mínimo de liderança foi elevado. Agora o importante é construir uma marca de liderança.

7. Segundo pesquisa recente sobre empresas e líderes dos sonhos, muitos jovens brasileiros não têm nenhum líder empresarial que admirem. E esse profissional iniciante começa a preferir empreender a fazer carreira corporativa. Isso deve preocupar os líderes sustentáveis?

Se os líderes liderarem realmente respeitando suas equipes, dando-lhes oportunidades de exercer a criatividade dentro da organização, não há com que se preocupar. É esse, no fundo, o pedido que os jovens fazem quando dizem preferir empreender: eles querem ter liberdade para empreender dentro de seus papéis corporativos.

Ao focar a atenção nos "comos", os líderes reforçam o modo de sustentar o progresso.

A biblioteca de liderança de **Ulrich e Smallwood**

Professor de administração da University of Michigan, Estados Unidos, David "Dave" Ulrich (foto ao lado) é considerado um dos principais pensadores da área de liderança e gestão de pessoas. Entre seus livros estão ***Liderança Orientada para Resultados*** (ed. Campus/Elsevier), *How Leaders Build Value, Why the Bottom Line Isn't* (os dois, ed. John Wiley & Sons), *O Código da Liderança* (ed. Best Seller), *A Marca da Liderança* (ed. Best Business) e *Por que Trabalhamos* (ed. Bookman). Em parceria com Norm Smallwood, seu sócio na firma de consultoria RBL, eles identificaram seus sete princípios em livros como os 23 títulos abaixo:

Fazer a mudança acontecer – Chip Heath e Dan Heath, *Ideias que Colam* (ed. Campus/Elsevier); John Norcross e Carlo DiClemente, *Changing for Good* (ed. William Morrow); Jeffrey Pfeffer e Robert Sutton, *The Knowing/Doing Gap* (ed. Harvard Business School).

Influenciar e persuadir – Robert Cialdini, *O Poder da Persuasão* (ed. Campus/Elsevier); Roger Fisher, William Ury e Bruce Patton, *Como Chegar ao Sim* (ed. Imago).

Mudar hábitos – Cherry Pedrick, *The Habit Change Workbook* (ed. New Harbinger); M.J. Ryan, *This Year I Will...* (ed. Broadway Books); Mark F. Weinstein, *Habitually Great* (ed. Book Surge); Jack Hodge, *The Power of Habit* (ed. Authorhouse); Debbie Macomber, *Changing Habits* (ed. Mira Books).

Ter autodisciplina (autoajuda) – Brian Tracy, *No Excuses!* (ed. Vanguard); Dalai Lama, *Becoming Enlightened* (ed. Pocket Books); Jim Randel, *The Skinny on Willpower* (ed. Rand Media); Eckhart Tolle, *Um Novo Mundo* (ed. Sextante); Norman Vincent Peale, *O Poder do Pensamento Positivo* (ed. Cultrix).

Descarrilamento da liderança – Sydney Finkelstein, *Por que Executivos Inteligentes Falham* (ed. M Books); Tim Irwin, Derailed (ed. Thomas Nelson); Carolyn Weese e J. Russell

Crabtree, *The Elephant in the Boardroom* (ed. Jossey-Bass).

Desenvolvimento da liderança – Ellen van Velsor e Cynthia D. McCauley, *The Center for Creative Leadership, Handbook of Leadership Development* (ed. Jossey-Bass); Morgan McCall, Michael M. Lombardo e Ann M. Morrison, *Lessons of Experience* (ed. Free Press); Morgan McCall, *High Flyers* (ed. Harvard Business Review).

Execução – Ram Charan e Larry Bossidy, *Execução* (ed. Campus/Elsevier); Chris McChesney, Sean Covey e Jim Huling, *The Four Disciplines of Execution* (ed. Free Press).

Dogmas da liderança sob suspeita

reportagem da equipe de HSM Management

Se ficou para trás a época do líder heroico, quais são as qualidades que deve ter quem está hoje à frente das empresas? Cinco especialistas falam sobre as oito principais "verdades" aceitas nessa área.

Jack Welch, o lendário presidente da GE, aconselhava festejar os sucessos porque assim se gera um ambiente de reconhecimento e energia positiva que contribui para que as pessoas se sintam vencedoras.

James Champy, um dos idealizadores da reengenharia, que conquistou inúmeras empresas na década de 1990, afirma que a ambição é a força que impulsiona os grandes triunfos.

Muitos especialistas dizem que o talento é escasso e que saber encontrá-lo é o que distingue os melhores líderes. Outros acreditam que o fundamental é ter alto grau de otimismo.

Afirmações retumbantes sobre liderança não faltam. HSM Management buscou identificar o que há de verdade e o que há de mito em oito das mais recorrentes e dogmáticas, porque aparecem com frequência na literatura de negócios e não costumam ser contestadas em público. E perguntou a cinco especialistas o que realmente pensam sobre elas.

1. O maior desafio dos líderes é encontrar talentos

Peter Senge: Quando um líder acredita cegamente que o mais importante é identificar pessoas talentosas e promovê-las, gera um sistema insano que leva desalento aos demais. O que o líder deve fazer é criar um ambiente propício para o desenvolvimento contínuo dos colaboradores. O segredo é desenvolver talentos.

> **“O que o líder deve fazer é criar um ambiente propício para o desenvolvimento contínuo dos colaboradores”**
> PETER SENGE

Raúl Allegre: Encontrar as pessoas adequadas é uma arte. Um bom líder sabe se uma pessoa tem talento. Depois disso, porém, é preciso nutrir esse talento, tornar-se seu mentor, delegar-lhe responsabilidades, permitir que cresça e brilhe.

Tamara Erickson: Assim como nas três últimas décadas o foco era a busca de novos clientes, nas próximas três o principal desafio das empresas será encontrar as pessoas de que precisam. Não é apenas uma questão de números, mas a confluência entre as capacidades requeridas e a formação dos jovens. Outro desafio será reter os melhores colaboradores.

2. Os líderes são mais otimistas do que realistas

Senge: Alguns líderes são admirados por seus discursos grandiosos e por suas excelentes ideias. São considerados idealistas ou visionários. No entanto, quando nada do que dizem se transforma em fato concreto, eles perdem credibilidade. O líder que não tem os pés bem plantados no chão é ineficaz.

George Kohlrieser: O líder deve se sentir muito seguro de si mesmo para poder inspirar sua equipe. Se é negativo ou evita os riscos, não será um líder eficiente.

“O líder deve se sentir muito seguro de si mesmo para poder inspirar sua equipe. Se é negativo ou evita os riscos, não será um líder eficiente”

George Kohlrieser

3. Os verdadeiros líderes contratam pessoas mais inteligentes do que eles

Senge: Geralmente é assim. Sempre estão procurando pessoas inteligentes. Mas os que sentem necessidade de ter tudo sob seu controle não conseguem montar equipes com profissionais muito talentosos. Para permitir o crescimento dos outros, devem deixar seu ego em segundo plano.

Quadro 1

Quem são os especialistas

Peter Senge. Presidente e fundador da Society for Organizational Learning, é autor do best-seller *A Quinta Disciplina*, que apresentou ao mundo dos negócios a teoria das organizações que aprendem e se adaptam a seus membros e à sociedade. Professor do Massachusetts Institute of Technology (MIT), tem se aprofundado na busca de estratégias para um mundo sustentável.

Álex Rovira. Especialista em desenvolvimento pessoal, conduz seminários sobre gestão de talentos e pessoas na Escuela Superior de Administración y Dirección de Empresas (Esade). É um dos autores de management espanhóis de maior prestígio internacional.

George Kohlrieser. Psicólogo clínico e organizacional, é professor de liderança e comportamento organizacional no prestigioso IMD suíço, uma das mais respeitadas escolas de negócios da Europa. Destaca-se por ajudar as organizações em solução de conflitos.

Raúl Allegre. Representante da liderança esportiva, foi jogador de futebol americano da liga profissional dos EUA, a NFL, pelo Giants de Nova York. Hoje é comentarista de destaque da ESPN e conselheiro da NFL Alumni.

Tamara Erickson. Reconhecida internacionalmente como especialista em integração de gerações no ambiente de trabalho, essa consultora presidiu o famoso instituto de consultoria e educação Concours e agora tem a própria empresa, a Tammy Erickson Associates.

Allegre: Absolutamente. Na verdade, se o discípulo supera o mestre, isso significa que o mestre cumpriu sua missão.

Erickson: Sim, os líderes de verdade procuram pessoas mais inteligentes do que eles – mas, acima de tudo, pessoas com um ponto de vista diferente do deles, porque lhes oferecem formas distintas de compreender os problemas e solucioná-los.

4. As qualidades dos líderes são parecidas com as dos heróis

Senge: Não gosto da imagem do líder heroico. Para colocar uma ideia em prática, resolver problemas difíceis de maneira eficaz, inovar ou fazer qualquer outra coisa, é preciso trabalho em equipe.

Allegre: Um herói é capaz de dar sua vida para garantir que as pessoas que estão com ele avancem e triunfem. Nas empresas, ainda que não seja algo de vida ou morte, há situações semelhantes e comparáveis.

5. A qualidade mais importante de um líder é a capacidade de execução

Senge: É tão importante executar quanto imaginar. Se um líder sabe executar, mas não tem imaginação e carece de uma visão para ajudar seu pessoal a perseguir uma meta mais ampla, do que serve?

Erickson: No passado, pensávamos que a maior qualidade de um líder era a capacidade de execução. Hoje em dia, o desafio da liderança é criar o ambiente, ou o contexto, em que os outros possam executar a estratégia da empresa. Ninguém pode dar conta de todos os níveis ou responder a todas as perguntas.

6. Os líderes criam um ambiente de trabalho divertido e celebram os êxitos

Senge: Isso é verdade. Criar um ambiente em que todos desfrutem de seu trabalho e se sintam comprometidos é fundamental. Contudo, trabalho duro sempre será trabalho duro. Portanto, o ambiente de trabalho tem de lidar com o conceito de diversão de modo cuidadoso. Acredito que a diversão consiste em fazer coisas que tenham significado para todos, que permitam estabelecer objetivos, desenvolver relações positivas e produtivas. É importante comemorar os sucessos, mas também ser crítico com o trabalho malfeito e exigir mais esforços.

7. A sorte desempenha papel crucial para o sucesso

Álex Rovira: A sorte não é o que acontece conosco, mas o que fazemos a partir do que acontece conosco. A maneira como vivemos pode ser a causa de nossa boa sorte. O azar dá as cartas, mas, para ter sucesso, é preciso saber jogá-las bem.

Allegre: A preparação tem de se encontrar com a oportunidade. Esta chega para todos; estar capacitado para aproveitá-la é o que alguns definem como "boa sorte".

Erickson: A sorte desempenha papel importante, mas acredito fervorosamente no desenvolvimento da liderança. Todos devemos estar sempre aprendendo, crescendo e desenvolvendo nossas habilidades. Assim, quando uma oportunidade se apresenta, podemos tirar vantagem dela.

8. Sem ambição, ninguém consegue ser líder

Senge: A palavra "ambição" tem várias acepções. Se pensamos na ambição do ponto de vista do ego (do excesso de autoestima), ela pode ser um problema, pois esse líder nunca criará uma equipe que colabore e ajude as pessoas a crescer. No entanto, outro significado de ambição está relacionado com a aspiração – e há ambições positivas, como aspirar a um mundo melhor.

Allegre: Tudo depende dos valores da pessoa. Se a ambição de determinado líder for ganhar muito dinheiro na vida, e ele não tratar bem as pessoas, ou a empresa que preside causar severos danos ao meio ambiente e/ou a comunidades, isso terá repercussão negativa e ele pode ter certeza: um dia, será julgado de modo negativo pela sociedade.

O primeiro ano da mudança

por José Salibi Neto, CKO

Antes presidente de uma consultoria, José Luiz Rossi trocou não só de empresa como de setor de atividade. Ao completar seu primeiro ano como presidente da Serasa Experian e da Experian América Latina, está conduzindo a transformação da empresa e quer conquistar a confiança do consumidor. Sua experiência serve de base para outros executivos que também estejam dispostos a dar novo rumo a suas carreiras.

Em maio de 2014, o executivo José Luiz Rossi mudou de empresa, de setor de atividade e ainda tomou para si um desafio especialmente grande: reposicionar a Serasa Experian no Brasil e a Experian América Latina – ele comanda as duas – em um mercado em acelerada transformação.

Passado um ano, Rossi faz um balanço positivo de sua radical decisão, indicando, com o próprio exemplo, os pontos-chave para quem quer fazer uma transição similar, mas teme se perder em suas naturais dificuldades.

Rossi já vinha acalentando a possibilidade de mudar, mesmo em tempos de incerteza como os atuais. "Chega um momento na vida em que já temos um patrimônio formado e os filhos encaminhados. Então, podemos ter o foco, efetivamente, de seguir o que nos motiva. Eu cheguei a esse momento – meu filho mais jovem, de 20 anos, já está na faculdade", explica.

Segundo ele, existem dois perfis de profissionais: os que gostam de tocar negócios em velocidade de cruzeiro e outros que são melhores para cuidar de algo que passa por transformação. "Eu me encaixo no segundo perfil: transformação é o que me motiva e me desafia, e fui atrás disso", resume. Depois de concluir a reorganização da firma de consultoria Capgemini, ao longo de cinco anos, ele estava pronto para um desafio novo, que considera "tão estimulante e saboroso quanto aquele".

Em sua trajetória na gestão empresarial, ele desenvolveu o hábito de fazer, anualmente, uma avaliação sobre se o que está fazendo é

Quadro 1

Saiba mais sobre **José Luiz Rossi**

CEO da Serasa Experian e da Experian América Latina desde maio de 2014, é formado em engenharia mecânica pela Universidade Federal do Rio de Janeiro, foi CEO da Capgemini e líder da prática de consultoria da IBM para o Sudoeste Europeu, além de consultor da PwC.

suficientemente desafiador a ponto de continuar competitivo. "Procuro sempre o desafio intelectual."

Já na Serasa, Rossi dedicou o início de sua gestão – os 100 primeiros dias – a uma imersão, com foco nas pessoas. "Os primeiros 100 dias vêm carregados com uma expectativa muito grande da empresa com relação ao novo líder – depois disso, ele até deixa de ser novidade", afirma. "Nesse período, fiz questão de entrevistar a primeira e a segunda linhas inteiras de gestão da companhia, somando 100 pessoas. Também

Quadro 2

3 conselhos aos mais jovens

1. Vá morar no exterior. Ter morado na Inglaterra quando adolescente, entre os 15 e os 18 anos, ajudou-me muito. Como não havia internet, rede social ou Skype, era como se eu tivesse ido para Marte com minha família. Isso me fez desenvolver o que eu chamo de inteligência cultural. Como digo para meus filhos, neste mundo globalizado, tem vantagem competitiva quem possui três inteligências: a tradicional (do QI), a emocional e a cultural. Particularmente, acho que os profissionais que têm essa capacidade de entender cultura vão ser cada vez mais diferenciados.

2. Entenda logo que as pessoas são realmente importantes para uma empresa. Para fazer isso, vá à empresa em um domingo e a veja vazia, sem ninguém; o impacto é grande. Você logo perceberá que o que faz efetivamente as organizações progredirem é a qualidade de seu capital humano. Por isso, gastei sempre muito tempo para desenvolver pessoas com mentoria.

3. Aprenda as cinco regras para ser um bom líder: montar equipes fortes – o mais fortes possível –, servir de exemplo para os outros, ter resiliência (inclusive para sobreviver ao sucesso), conhecer-se bem e ter autoestima elevada combinada com humildade.

usei esse tempo para conhecer os produtos e os problemas."

> **"A visão holística é fundamental para a liderança"**

Além disso, participou da formulação do plano estratégico de três anos, fazendo alguns ajustes no modelo de gestão. "Porém, isso foi menos relevante, porque seria muita pretensão minha chegar a uma empresa complexa e vitoriosa como a Serasa Experian e querer ensinar o pai-nosso ao vigário. O fundamental foi eu conhecer a companhia – e ela me conhecer", enfatiza.

Essa mudança, afirma, não afetou sua vida pessoal, que, segundo ele, "é muito maior do que minha carreira, sempre foi e sempre será. Minha família e meus amigos são muito importantes. Eu equilibro bem essas coisas e, se precisar, abro mão do trabalho pela família". Ele faz questão de enfatizar que felicidade não é só trabalho, mas um conjunto de aspectos. "Não devemos nos incomodar com os pequenos dissabores, e sim focar o relevante. Não acredito em pessoas infelizes por causa do trabalho; se são infelizes, é por um conjunto de coisas."

Modelo de liderança

Da mesma forma, a liderança também corresponde a um conjunto de aspectos, mas ele destaca especialmente a necessidade de servir como exemplo e desenvolver o diálogo. "Sempre me coloquei na posição das pessoas que trabalham comigo para entender a experiência necessária ali", afirma. "Além disso, costumo dizer para meu time de liderança que primeiro pensamos na empresa, depois cada um pensa em sua área e, por último, pensa em si. Como a empresa é um organismo vivo, com muitas coisas inter-relacionadas, a visão holística é fundamental para a liderança."

“O mercado está mudando e nós queremos mudar com ele: estamos investindo para estar na liderança desse mercado mutante”

Para ele, a meritocracia é fundamental – entendida como trabalhar com recompensa [remuneração] e reconhecimento pelos esforços dos colaboradores. Nesse aspecto, teve sorte: a Serasa Experian já tinha a vantagem de estar, antes de chegar, entre as melhores empresas para trabalhar no Brasil.

Ao contrário do que parece, porém, liderar uma organização grande e bem resolvida não é tão fácil quanto parece. A Serasa Experian é líder na área de certificação digital, com uma participação de mercado de 25%, ao lado de vários concorrentes que atuam de modo pulverizado. “Estar à frente de uma empresa líder exige uma cobrança e uma responsabilidade enormes. Todos os dias somos avaliados rigorosamente por nossos clientes; se eles tomam uma decisão errada de conceder crédito por causa de um relatório nosso, perdemos credibilidade com eles na hora”, afirma.

Reposicionamento frequente

A área em que atua a Serasa Experian exige do líder uma capacidade de adaptação constante. “Nós trabalhamos com dados sobre consumidores, certo? E esse mercado está mudando muito, por conta da recente onda de demandas de privacidade de dados e da proteção ao consumidor. Outra onda avassaladora para nós está sendo a do big data; as informações são cada vez mais abundantes e temos de saber capturar aquelas que são relevantes para nossos clientes”, afirma.

O novo ambiente, afetado pelas duas ondas, está fazendo a Serasa Experian se reposicionar no mundo todo, o que, para Rossi, é um desafio muito interessante. E, nesse sentido, a América Latina é protagonista, respondendo por mais de 20% da receita global da companhia.

Rossi explica que um dos efeitos do reposicionamento que vem promovendo na empresa é o data lab, um laboratório de dados previsto para funcionar a partir de 2015. "Já há um na Experian dos Estados Unidos e acaba de ser montado outro em Londres; o nosso será o terceiro no mundo. Estamos investindo US$ 10 milhões nisso, o que nos permitirá analisar o big data de nossos clientes do Brasil. Contratamos cientistas de dados para oferecer muitas soluções inovadoras usando big data."

Esse mercado, avalia, ainda é muito novo, mas incrivelmente promissor. Por isso, Rossi tem a ambição de colocar o Brasil à frente desse processo, ajudando internacionalmente a companhia. "O mercado está mudando e nós queremos mudar com ele: estamos investindo para estar na liderança desse mercado mutante", afirma.

Ainda há outro grande desafio: a aproximação muito maior da Serasa Experian com o consumidor final, que será percebida em uns cinco ou dez anos, segundo Rossi. É um processo resultante do cadastro positivo que está sendo adotado no Brasil, segundo o qual o consumidor pede para incluir seu nome em um banco de dados de bons pagadores e tem a vida facilitada. "Cabe ao consumidor escolher quem será o fiel depositário das informações sobre ele e a Serasa Experian quer ser a escolhida", completa. "O desafio é transformar essa credibilidade que existe hoje entre o consumidor e a Serasa em uma relação de confiança, em que ele entenda que somos os melhores guardiões para os dados dele."

Segurança de dados

Outra área que também merece atenção – e investimentos – é a segurança dos dados. Como diz Rossi, "onde há informações eletrônicas há gente querendo usá-las de maneira indevida, e não existe nada que garanta 100% de proteção contra fraudes. O que fazemos é tornar a vida dos hackers bem mais difícil, como quem põe 23 cachorros ferozes para cuidar de uma casa".

Rossi explica que os hackers são cada vez mais sofisticados, e podem ser categorizados por comportamento: há o garoto que pirateia pelo prazer de fazer isso; há o idealista anticapitalismo que quer quebrar os bancos; há o mafioso que hackeia para enriquecimento próprio como se comercializasse armas ou drogas; e há a pessoa em busca do status que o hacking dá.

Hacker de líderes

por Silvio Anaz, colaborador de HSM Management

Uma autoridade quando o assunto é liderança, Mike Myatt afirma que o desprendimento do líder encoraja a inovação e atrai a colaboração e que os melhores líderes são aqueles que mais investem na reflexão e incentivam suas equipes a fazer isso.

Mike Myatt sempre fica impressionado com a quantidade de líderes talentosos que vê subutilizar a principal ferramenta que os levou ao sucesso: seu cérebro. "Não é que os líderes não pensem; o problema é que não pensam o suficiente", diz ele, que é um dos mais respeitados especialistas em liderança da atualidade. "E, quando pensam, muitos perdem tempo com temas errados, de forma errada e no tempo errado." Para Myatt, se um líder quer fazer mais, precisa pensar mais.

HSM Management entrevistou Myatt sobre seu livro *Hacking Leadership*, segundo o qual, no desempenho dos líderes, há sistematicamente "pontos cegos" e brechas que comprometem sua liderança.

O que o especialista propõe como solução para o problema é "hackear" a liderança, o que significa desafiar as ideias convencionais sobre ela, conceitos muito distantes da realidade que nos ludibriam, com o objetivo de eliminar o que a compromete essencialmente. Ele propõe uma ação concentrada em 11 pontos críticos.

Leia, a seguir, os principais tópicos da entrevista, feita com exclusividade.

Quadro 1

Saiba mais sobre **Mike Myatt**

Mike Myatt é considerado um dos mais importantes especialistas em liderança da atualidade, faz parte do conselho da Fortune 500 CEOs. Está à frente da empresa de consultoria N2growth e é autor de livros como *Hacking Leadership* (ed. Wiley) e *Leadership Matters... The CEO Survival Manual* (ed. Outskirts Press).

Como Hackear e os 11 pontos críticos. Hackear a liderança significa descobrir caminhos alternativos e atalhos para ela, assim como acessar e desvendar códigos culturais, decifrar a complexidade, influenciar resultados e customizar de maneira inovadora metodologias existentes e ultrapassadas. Myatt propõe uma série de ideias e ferramentas para isso. Essa "atividade pirata" possibilitará, segundo ele, que o líder se torne mais autoconsciente para diagnosticar rapidamente os problemas que afetam seu desempenho e, assim, poder oferecer à equipe e à organização todo o seu potencial de liderança.

> **"Se quiserem hackear sua liderança, os gestores precisam atacar suas ideias convencionais sobre o assunto"**

O especialista identificou 11 pontos críticos que podem levar ao fracasso do líder e que são fatais para a empresa se não forem diagnosticados e hackeados. Eles dizem respeito a futuro, mediocridade, cultura, talento, conhecimento, inovação, expectativas, complexidade, propósito, fracasso e liderança.

Os líderes devem gastar mais tempo explorando o que não sabem sobre esses pontos do que enfatizando o que já conhecem. Têm de procurar conhecer opiniões diversas e até mesmo discordantes das suas, buscando o que é certo, mais do que se preocupando com quem levará o crédito.

Ele insiste que as empresas que querem criar uma cultura de liderança, como é o discurso atual, precisam necessariamente encontrar caminhos alternativos e jeitos inteligentes para lidar com as 11 questões.

Propósito "inside". Para que o líder não se importe com levar o crédito sobre estar certo, é preciso que ele tenha um propósito. "Liderança tem vários significados. Pode significar disciplina, busca, prática, paixão, habilidade, competência ou obrigação. Em qualquer um deles, ela pode ser efetiva, mas a liderança realmente se torna interessante quando combina todas essas características na direção de um propósito", afirma Myatt.

Para ele, quando os líderes se comprometem com um propósito, é como se tivessem uma revelação. "Geralmente é essa revelação que transforma os líderes apenas no título em líderes de fato, apaixonados."

Pensar versus Rotina. Líderes realmente eficazes sabem, segundo Myatt, que suas melhores contribuições ao negócio ocorrem depois de períodos planejados de isolamento, usados para autorreflexão, introspecção e pensamento crítico. E sabem também que isso vale para as contribuições de seus liderados. De que vale ter na organização pessoas realmente talentosas se não se dá a elas tempo para fazer uma imersão criativa e pensar na solução dos problemas?

Assim, uma das principais recomendações de Myatt é esta: "Não seja um líder que condene pessoas talentosas a rotinas que paralisam sua mente, como preparar inúteis apresentações em PowerPoint ou participar de várias reuniões mal planejadas; seja o líder que favorece uma cultura que valoriza o espaço para pensar e refletir". Aí é que reside um dos maiores problemas de todas as empresas.

Continuum (com mudança). Myatt enxerga a liderança como um "continuum". Trata-se de um modo de evoluir constantemente por meio da mudança, do crescimento e do desenvolvimento.

"Quando os líderes se comprometem com um propósito, é como se tivessem uma revelação. É isso que os transforma em líderes de fato"

"Costumo dizer que a liderança existe para interromper a mediocridade. Na prática das empresas, isso significa que os líderes devem pensar além dos resultados e focar não somente o que existe, mas todas as possibilidades seguintes."

Fraqueza como força. Um dos pontos mais interessantes e provocativos das teorias de Myatt é a proposta de que, para se tornar um grande líder, este tem de aprender a "se render", capitular e renunciar em determinadas situações.

Trata-se de um conceito normalmente associado à fraqueza, que, para Myatt, constitui um dos principais pontos fortes de um líder. Mas essa "rendição" não deve ser confundida com desistir. "Sugiro que o líder aprenda a sutil arte do desprendimento, do deixar acontecer", explica ele. "Um líder simplesmente oferece seu melhor quando compreende que sua habilidade de influenciar é muito mais frutífera do que sua capacidade de controlar."

Segundo o especialista, a arte do desprendimento praticada por um líder encoraja a inovação e atrai a colaboração, enquanto a liderança controladora inibe talentos, limita as iniciativas e restringe os potenciais das equipes.

Myatt conta que, em sua experiência, líderes controladores simplesmente estão tentando consolidar poder, enquanto os que praticam o desapego distribuem a autoridade.

E insiste: "Controle diz respeito a poder, não a liderança. Controle dura um período, enquanto a arte do desprendimento deixa um legado".

Ser inovador não é ter muitas ideias. Para Myatt, todos os líderes têm ideias, mas poucos são inovadores. "Quando temos ideias, estamos sonhando; quando somos inovadores, estamos agindo." Ele entende que ideias em si são pouco mais do que pensamentos aleatórios e não lapidados, o que os torna pouco úteis. Inovação é algo tangível, que conduz a uma ação e a um resultado. Líderes têm de ser inovadores e patrocinar a inovação.

Mediocridade é fatal. "A mediocridade é o beijo da morte para o líder", declara Myatt. Para ele, um líder existe justamente para acabar com a mediocridade, e, para tanto, a liderança nunca pode ser uma postura passiva ou regressiva.

> **"Nunca conheci uma organização com excesso de liderança; vi, isso, sim, empresas excessivamente gerenciadas"**

O especialista cita como prova irrefutável disso a existência de centenas de estudos segundo os quais as empresas que focam o crescimento durante os períodos de retração econômica são mais bem-sucedidas do que aquelas que esperam a economia melhorar.

Myatt observa que grandes líderes não adotam simplesmente o novo, mas procuram constantemente criar uma nova versão do novo. Pois o novo dá a oportunidade de reexaminar tudo, abandonando pensamentos ultrapassados e desafiando a lógica dominante.

Aviso às empresas de países emergentes. Empresas com estrutura hierárquica rígida e verticalizada, seja nos países emergentes, seja nos desenvolvidos, devem urgentemente transformá-la em uma comunidade colaborativa, recomenda Myatt. Isso se de fato desejarem desenvolver seus potenciais, crescer e aparecer. "Quanto mais hierárquica uma organização, mais limitada é sua capacidade de desenvolver talentos, inovar e crescer. Quanto mais rígida a estrutura administrativa, operacional e organizacional, mais dificuldades existirão para criar uma cultura de liderança."

O especialista enfatiza que liderar não é criar processos e plataformas, mas desenvolver pessoas. "Grandes líderes não colocam as pessoas em 'caixinhas' do organograma, e sim as libertam. Grandes líderes não 'alavancam' as pessoas, e sim criam alavancas para que elas mesmas façam isso."

Myatt avisa aos líderes de empresas dos mercados emergentes que, no mundo atual, eles só ficarão para trás na competição com as dos mercados desenvolvidos se mantiverem estruturas ultrapassadas.

Obstáculos à cultura. "Se você está em posição de líder, você liderará, mas a pergunta é: você lidera bem? Por isso, toda organização precisa de uma cultura de liderança distribuída, mais do que de um líder", explica Myatt. Com essa visão, ele garante que a liderança existente em uma empresa é o maior obstáculo para o desenvolvimento de uma nova liderança dentro dela.

Quando os líderes acreditam que não é necessário focar a liderança como um aspecto central do negócio, a mediocridade se enraíza e vai lentamente sufocando o desejo de mudança e de inovação.

"Nunca conheci uma organização com excesso de liderança; vi, isso, sim, empresas excessivamente gerenciadas", compara. Para ele, o objetivo de qualquer organização deveria ser ter uma liderança onipresente; antes disso, o trabalho de um líder não está terminado.

Segundo Myatt, muitas empresas e marcas dominantes deixam de existir justamente porque fracassaram em criar uma cultura de liderança.

Myatt conhece de perto muitos dos maiores líderes empresariais mundiais. Ele conta que os melhores entre estes são os que não se cercam de seguidores que alimentam seu ego, mas de quem os desafia.

Grandes líderes enxergam talentos

por Claudio Fernández-Aráoz

Gestores que conduziram processos extraordinários de criação de valor têm em comum uma extraordinária disciplina para a nomeação correta de executivos seniores, assim como para a seleção e o gerenciamento de jovens de alto potencial, afirma o expert Claudio Fernández-Aráoz.

Nos últimos 25 anos, entrevistei mais de 20 mil candidatos para recrutamento de executivos e mantive milhares de conversas sobre gestão do talento com CEOs e diretores de recursos humanos de todo o mundo. Conheci alguns casos admiráveis de criação de valor corporativo e desenvolvimento pessoal, mas também encontrei uma infinidade de empresas que se vangloriavam de seus processos de gestão do talento, enquanto destruíam valor, desperdiçavam oportunidades de desenvolvimento e até perdiam muitos de seus melhores funcionários.

Meio século de prática, estudo e debate nos principais fóruns acadêmicos e de negócios do mundo me convenceu de que a gestão eficaz de talentos não é uma série de processos com esse fim.

Muitas organizações investem bastante em programas de capacitação. Várias dão um passo além, ao implantar processos elaborados de gestão do talento. Essas duas condições são necessárias, mas insuficientes para criar grande valor corporativo e desenvolvimento forte dos executivos.

Quadro 1

Saiba mais sobre Claudio Fernández-Aráoz

Claudio Fernández-Aráoz faz parte do conselho da Egon Zendher, consultoria de *executive search*. Trabalhou na McKinsey & Company e possui MBA por Stanford. É especialista em desenvolvimento de lideranças. Sua consultoria é procurada por CEOs de várias das maiores empresas do mundo, além de instituições governamentais. Aráoz é palestrante na Harvard Business School e colunista da *Harvard Business Review*.

Gestão eficaz do talento

Há vários anos eu estava em Boulder, no Colorado, trocando ideias com meu ex-colega de Stanford e grande amigo Jim Collins. Tinha terminado o

“Todos os líderes de destaque que conheci têm em comum paixão e disciplina excepcionais para designar corretamente executivos seniores e para selecionar e formar jovens de alto potencial”

original em inglês de meu livro, mas não conseguia me decidir quanto ao título.

Assim que repassamos o conteúdo, Collins pegou uma folha de papel e escreveu "Great people decisions", explicando-me que esse deveria ser o título do livro por dois motivos: podia ser interpretado como grandes decisões sobre as pessoas e, ao mesmo tempo, como decisões de grandes pessoas.

Collins enfatizava que os grandes líderes se concentram primeiro e principalmente nas decisões de contratação e designação das pessoas-chave, antes de qualquer outro tipo de decisão estratégica ou de gestão.

É impossível subestimar o impacto que a designação ou a perda dos líderes mais valiosos tem sobre o valor de uma organização. Quando se soube que Roger Agnelli deixaria a liderança da Vale, o valor de mercado da companhia caiu imediatamente em quase US$ 10 bilhões.

A Morgan Stanley, por sua vez, afirmou que a incerteza quanto à gestão na cúpula da Vale, depois da saída de Agnelli, fazia com que a empresa valesse um terço menos do que seu potencial, o que representa uma perda de valor da ordem de US$ 60 bilhões.

Nos últimos anos, em parceria com Nitin Nohria, da Harvard Business School, conduzimos um estudo sobre o talento no mundo, para o qual entrevistamos CEOs e a maior parte dos diretores de recursos humanos de 50 corporações que operavam em ampla diversidade de geografias e setores.

Quase todos descreviam processos formais de gestão do talento praticamente idênticos, baseados sobretudo nas práticas popularizadas primeiro pela GE, com variações mínimas. Entretanto, a dispersão em termos de criação de valor e desenvolvimento efetivo de seus executivos não poderia ter sido maior.

O que diferenciava de fato as empresas de destaque não era o tipo de processo de gestão do talento vigente, mas sua capacidade e disciplina para escolher e designar corretamente os futuros líderes, tanto para as posições seniores como para os programas de desenvolvimento de jovens com alto potencial.

Paixão autêntica

Todos os líderes de destaque que conheci em profundidade, e que conduziram processos extraordinários de criação de valor, têm em comum paixão e disciplina excepcionais para designar corretamente executivos seniores, assim como para selecionar e formar jovens de alto potencial.

Já é lendário o foco apaixonado de Jack Welch pela decisão correta na escolha dos líderes na GE, enquanto liderava como CEO a maior criação de valor da história corporativa até aquele momento (US$ 300 bilhões).

Igualmente impressionante é o caso atual de Jeff Bezos, fundador e CEO da Amazon.com, que sobreviveu à explosão da bolha das ponto.com em um dos períodos mais turbulentos da história e em um dos mercados mais frágeis e competitivos do mundo. Ele criou quase US$ 100 bilhões em valor. Quando Bezos é consultado sobre as condições que o levaram ao sucesso, não hesita em responder que suas decisões mais críticas passam por escolher os líderes que o acompanham na equipe.

Um terceiro caso a destacar é o da brasileira Vale, uma das 20 maiores companhias por seu valor de mercado e a segunda mineradora do mundo, com operações em 38 países. Sob a liderança de Roger Agnelli, ao longo de apenas uma década, a Vale criou mais de US$ 150 bilhões em valor.

Por ter observado de perto esse caso, não tenho dúvida de que uma das principais causas de tal criação de valor foi a implantação sem exceções de um rigoroso processo de avaliação profissional independente para cada decisão de promoção ou contratação de gestores, em qualquer posição crítica, em todas as partes do mundo.

A escolha correta dos líderes na cúpula da Vale permitiu a Agnelli criar no Brasil, em apenas uma década, o mesmo valor por década de liderança de Jack Welch (considerado o gestor do século) à frente da GE.

Melhores práticas

Para escolher bem as pessoas em posições sêniores, os líderes, em primeiro lugar, empregam as ferramentas corretas, entre as quais estão o levantamento adequado de competências para os níveis gerenciais e a identificação exata do nível de competência exigido para cada posição. Essas ferramentas incluem também a utilização das melhores técnicas de entrevistas estruturadas, assim como as melhores práticas para a verificação das referências.

Em segundo lugar, e muito mais importante do que o uso das ferramentas corretas, permitem a participação das pessoas adequadas no processo de avaliação dos candidatos internos ou externos – para todo e qualquer nível gerencial. As pesquisas sobre a diferença entre entrevistadores, por exemplo, demonstram que os melhores têm uma correlação entre a avaliação e o desempenho no trabalho de 70%.

Os piores entrevistadores, porém, ainda que utilizem a mesma ferramenta (no caso, a entrevista), têm uma correlação entre sua avaliação do candidato e o desempenho real no posto de trabalho ligeiramente negativa. Suas decisões são piores do que as que seriam obtidas ao acaso, jogando-se uma moeda para decidir sobre a contratação ou promoção de um candidato.

Para envolver as pessoas corretas em uma decisão sobre pessoas, eu diria que as melhores práticas são:

- Garantir que os responsáveis pela área de recursos humanos tenham o nível suficiente de credibilidade e autoridade para desempenhar um papel-chave na nomeação.
- Treinar os gerentes de linha para participar desse processo com competência. Centenas de vezes perguntei aos líderes com quem estive em todo o mundo quantos tinham recebido treinamento adequado para avaliar candidatos. Em uma de minhas últimas conferências, com 1,2 mil gerentes seniores, apenas três levantaram a mão. Muitos acreditam que escolher bem as pessoas é uma arte, resultado de uma intuição, uma capacidade especial que alguns têm e outros não. Definitivamente, não é assim. Escolher bem as pessoas é uma disciplina e uma capacidade que podem e devem ser desenvolvidas para o valor de nossas organizações e o sucesso da própria carreira profissional. E existe um processo comprovado para isso, que todos podemos aprender e dominar.
- Ser cuidadoso na decisão sobre o número de participantes no processo. Com frequência se inclui grande quantidade de pessoas, prática que aumenta de maneira desproporcional a possibilidade de descartar por erro os candidatos de destaque difíceis de igualar.

Um processo adequado de avaliação não deveria envolver muito mais do que três pessoas – o chefe da posição, seu superior e um profissional sênior de recursos humanos, com os três bem familiarizados com as exigências do papel, adequadamente capacitados em processos de avaliação e também com a motivação correta.

- Ter a colaboração externa adequada. A contratação de empresas especializadas em levar adiante processos de avaliação de gestão, assim como fazia Agnelli na Vale, pode aportar um valor enorme como resultado da especialização, independência e capacidade de avaliação de seus profissionais.

O principal valor aportado não é o maior universo de candidatos identificados nas buscas externas, mas, sim, a avaliação muito mais precisa feita por profissionais especializados, o benchmark externo adequado, assim como a capacidade prática de obter referências de um nível de confiabilidade elevadíssimo em função de décadas de relação com outros executivos que puderam observar de perto os candidatos considerados.

Jovens de alto potencial

Além de designar a pessoa correta em cada uma das posições seniores, os líderes que criam valor e desenvolvimento escolhem e lideram especialmente bem quem tem alto potencial. Por mais que muitas organizações tenham programas de desenvolvimento de jovens com alto potencial, também encontramos uma correlação muito baixa entre os processos formais e o verdadeiro desenvolvimento desses indivíduos.

O processo integral para lidar com esses jovens é rico e complexo. Exige:

- identificar os objetivos estratégicos da organização;
- assegurar o apoio adequado a todos os níveis;
- conduzir comunicação eficiente e esquemas especiais de remuneração para todos os jovens de alto potencial.

“A chave para a eficácia no desenvolvimento dos altos potenciais também é a capacidade e a disciplina para escolher corretamente as pessoas em função de seu potencial e para compará-las com a provável concorrência no longo prazo”

Todos os elementos do processo devem ser desenhados com cuidado e acordados na organização. Lamentavelmente, poucas contam com esse nível de disciplina, e muitas vezes o ponto de partida de todo o processo (a escolha dessas pessoas) se corrompe por pressões políticas ou decisões demagógicas.

A chave para a eficácia no desenvolvimento dos altos potenciais também é a capacidade e a disciplina para escolher corretamente as pessoas em função de seu potencial e para compará-las com a provável concorrência no longo prazo.

Ao realizar nossa pesquisa para um artigo para a *Harvard Business Review*, descobrimos que a maior parte das empresas com programas para o desenvolvimento de talentos nem sequer conta com um modelo apropriado para avaliar o potencial com precisão.

Em uma conversa com Jack Welch, ele me disse: “Escolher pessoas é muito difícil. Escolhê-las bem é terrivelmente difícil”. O executivo do século 20 afirmava que foram necessárias três décadas para passar de um índice de erro de 50% a 20% em suas designações-chave.

Avaliar a competência de um indivíduo para um papel específico é terrivelmente difícil mesmo. Avaliar o potencial de um indivíduo no futuro, com um horizonte de pelo

“O Brasil tem um déficit de 8 milhões de profissionais, o que equivale à população da Áustria”

menos cinco anos, é mais difícil ainda. Entretanto, existem modelos validados que permitem avaliar o potencial em um horizonte de cinco anos, com um nível de precisão próximo a 85%.

Vencedores em tempos extraordinários

Vivemos tempos extraordinários no universo corporativo. Primeiro, porque o valor das companhias depende, mais do que nunca, do talento; enquanto os ativos intangíveis representavam apenas 20% do valor das grandes companhias em 1980, hoje superam 70%.

Segundo, porque as grandes corporações esperam crescer principalmente nos mercados emergentes, que contam com enorme escassez de talento diante da demanda. Apenas como exemplo, economistas do Itaú-Unibanco projetaram, a pedido da revista *Exame*, que o Brasil teria um déficit de oito milhões de profissionais entre 2012 e 2015, o que equivale à população total da Áustria, se o crescimento anual médio do PIB se mantivesse em 4,5%.

Terceiro e último, porque só 15% das empresas na América do Norte e Ásia creem que têm sucessores adequados, em quantidade e qualidade, para cobrir suas necessidades em função do crescimento previsto e de sua demografia.

Esses três fenômenos juntos, sem precedente na história, permitem vislumbrar uma batalha inédita pelo talento, sobretudo nos mercados emergentes.

Os vencedores não serão aqueles que se limitarem a “implantar” o “melhor processo” de gestão do talento. Nossa pesquisa com 50 grandes companhias demonstra, de maneira contundente, a falta de correlação entre os processos formais de gestão do talento e o desenvolvimento dos executivos que criam valor duradouro.

Os verdadeiros vencedores, tanto em valor corporativo como em êxito profissional, serão aqueles que dominarem a prática e tiverem disciplina para escolher bem seus líderes.

O valor corporativo e o sucesso profissional recairão desproporcionalmente sobre os CEOs e diretores de recursos humanos confiáveis que, utilizando as ferramentas apropriadas, educarem seus gestores nessa disciplina, envolverem apenas as pessoas corretas na escolha de seus líderes, utilizarem a devida colaboração externa quando necessário e escolherem e alocarem, de modo adequado, seus jovens talentos.

A vez dos veteranos está chegando?

por Silvio Anaz, colaborador de HSM Management

Enquanto o mercado de trabalho continua refratário a profissionais mais velhos, algumas empresas descobrem a eficácia de equipes que misturam faixas etárias e investem em adaptações gerenciais.

A Marks & Spencer é um dos maiores grupos mundiais de lojas de departamentos e supermercados, com faturamento anual de US$ 18 bilhões e cerca de 86 mil colaboradores, espalhados em mais de 1.250 lojas pelo mundo. Um dos números mais incríveis do grupo, porém, é o de profissionais com mais de 50 anos de idade que ali trabalham: em torno de 28 mil, um terço do quadro funcional total.

O reconhecimento do valor dos profissionais mais velhos pela empresa ganhou impulso quando, em 2001, foi abolida a política de aposentadoria compulsória de quem atingisse 65 anos de idade. Depois, em 2006, foi implantado um programa de aposentadoria flexível, pelo qual colaboradores que completam 55 anos podem optar por começar a receber parte de sua pensão e reduzir sua jornada de trabalho. Na análise da companhia, a adoção dessas políticas resultou na retenção dos profissionais mais eficientes, no aumento da lealdade dos colaboradores e em uma das mais baixas taxas de rotatividade na área varejista do Reino Unido.

A ideia de valorizar os profissionais veteranos, em idade de aposentadoria, começa a ganhar relevância à medida que em vários países o envelhecimento populacional – resultado do aumento da expectativa de vida e da queda da taxa de natalidade – já é uma realidade ou uma perspectiva de curto e médio prazos. Apesar disso, a prática de contratar e reter os profissionais mais velhos ainda é escassa entre as organizações. As principais razões são o preconceito contra os

“A ideia de valorizar os profissionais veteranos começa a ganhar relevância à medida que em vários países o envelhecimento populacional já é uma realidade ou uma perspectiva de curto e médio prazos”

veteranos e o fato de muitas empresas ainda não se terem dado conta de que os veteranos são uma alternativa para a falta de trabalhadores qualificados.

No Brasil, apenas 12% das empresas têm práticas de recrutamento e seleção voltadas para a atração de profissionais maduros, segundo pesquisa realizada em 2013 pela Fundação Getulio Vargas (FGV) e pela firma de consultoria PwC Brasil com 108 organizações no País.

Ao contrário do que faz a Marks & Spencer, 73% das empresas pesquisadas no Brasil não oferecem oportunidades de carreira a quem está próximo da idade de se aposentar e também não dispõem de práticas que incentivem a

Quadro 1

A idade dos veteranos

Geralmente, as pesquisas classificam como "veteranos" os profissionais acima de 50 anos, mas, para Harry van Dalen, professor da Tilburg University, deve-se ter muito cuidado para não cair na armadilha dos estereótipos. Peter Cappelli, professor da Wharton School, entende que o critério pode ser aplicado tendo como referência a idade mínima estabelecida para a aposentadoria em cada país ou a expectativa de vida ali verificada. O profissional poderia ser considerado veterano, segundo Cappelli, quando está a dez anos de uma dessas referências.

Assim, no Brasil, um profissional do sexo masculino seria considerado veterano a partir dos 55 anos de idade, levando em conta a idade mínima para aposentadoria, ou a partir dos 61, tendo como referência a expectativa de vida atual para os homens no País. Já as mulheres entrariam na faixa das profissionais veteranas a partir dos 50 anos, considerando a idade mínima para aposentadoria, ou a partir dos 67, levando em conta sua expectativa de vida.

permanência dos profissionais experientes, como a flexibilidade de horário e o home office.

O pior é que deixam ir embora um profissional que elas mesmas reconhecem como altamente valioso. Cerca de 90% das organizações no País acreditam que os "veteranos" possuem mais capacidade de fazer diagnóstico e resolver problemas do que os outros, além de maior equilíbrio emocional.

"As empresas deveriam estar contratando mais profissionais veteranos, porque seu desempenho no trabalho é melhor do que o dos trabalhadores mais jovens em praticamente todas as dimensões", observa Peter Cappelli, professor da Wharton School, em entrevista a HSM Management.

Autor do livro *Managing the Older Worker: How to Prepare for the New Organizational Order*, Cappelli sugere que o preconceito contra os veteranos, que ele vê nos Estados Unidos, está baseado em percepções equivocadas que as empresas, sobretudo ocidentais, têm deles. "As companhias estão se tornando menos amigáveis a eles, o que é um erro."

O professor da Wharton ressalta que o fenômeno varia de cultura para cultura, pois, em países asiáticos, como o Japão, não parece existir esse tipo de atitude. Na Europa, lentamente as empresas estão mudando suas atitudes e políticas de recursos humanos em relação aos veteranos, segundo Harry van Dalen, professor da Tilburg University, da Holanda, "em especial os empregadores que já sentem na pele a escassez de profissionais qualificados".

Entre as mudanças, há a decisão de tomar medidas que afetem igualmente todos os grupos etários. "Dar um curso sobre um novo software cuja participação seja obrigatória para todos, por exemplo, evita que esses profissionais sejam estigmatizados", diz Dalen.

Custos x benefícios

Empregadores, gestores e líderes podem ter boas razões para tomar decisões que aparentemente atinjam negativamente os profissionais mais velhos? Às vezes, sim, pondera Dalen, se os veteranos representarem custos mais elevados.

“Os profissionais mais velhos costumam apresentar resultados melhores em termos de ética, absenteísmo e rotatividade”

No Brasil, 70% das empresas pensam dessa maneira, conforme dados da pesquisa da FGV e PwC. Porém, essa é uma percepção falsa, segundo Cappelli. “Os salários são mais altos em função da experiência, o que reflete vantagens de produtividade”, justifica. Além disso, os profissionais mais velhos costumam apresentar resultados melhores em termos de ética, absenteísmo e rotatividade. “Ao contrário do que se pensa, os veteranos se ausentam muito pouco do trabalho e, apesar de usarem mais o plano de saúde da empresa, geram menos despesas nesse item para a organização, pois já não têm bebês ou filhos como dependentes.”

Em suas pesquisas no mercado de trabalho europeu, Dalen ainda identificou que, na visão dos empregadores, os veteranos são mais leais, precisos, orientados para os clientes e comprometidos do que os mais jovens. “O problema é que essas vantagens que os profissionais mais velhos apresentam são em capacidades e habilidades difíceis de mensurar”, observa.

Dalen dá a produtividade dos veteranos quase como garantida, uma vez que ao longo da carreira esses profissionais desenvolvem habilidades e capacidades que não perdem valor com o tempo.

Motivação

Um dos diversos mitos que prejudicam os profissionais mais velhos no mercado de trabalho é o de que eles se desmotivam e perdem o comprometimento quando já podem se aposentar. Essa percepção aparece na pesquisa da FGV e PwC feita no Brasil, em que 63% das empresas declararam acreditar que os mais velhos estão acomodados por causa da proximidade da aposentadoria.

Já estudo realizado nos Estados Unidos pela AARP, organização sem fins lucrativos voltada para a melhoria da qualidade de vida dos idosos, mostra o contrário: os profissionais com idade entre 50 e 70 anos são bem motivados, e suas principais motivações para continuar trabalhando são o desejo de se sentir úteis e produtivos e a vontade de se manter ativos mental e fisicamente. A necessidade de ter uma fonte de renda fica, inclusive, em segundo plano.

Cappelli observa que, às vezes, não é desinteresse o que acontece com os veteranos, e sim uma mudança em seus objetivos de vida. Muitos querem experimentar novas carreiras ou iniciar o próprio negócio, fazer coisas que realmente tenham significado, além de dedicar mais tempo à família.

Clientes e inovação

O fato é que empresas que estão reunindo os veteranos vêm registrando resultados que elas mesmas não esperavam. Um exemplo é o da rede de restaurantes fast-food McDonald's, conhecida pela força de trabalho majoritariamente jovem.

Em 2011, o McDonald's britânico implantou o programa "The Family and Friends Contract", permitindo que uma família inteira e os amigos dela trabalhem juntos em uma mesma loja, em um esquema flexível de horários e funções que beneficiem quem está estudando, mães que têm de cuidar dos filhos pequenos e os mais velhos. O esquema possibilita que eles trabalhem quanto desejam ou podem, dependendo de suas necessidades individuais.

Segundo o McDonald's, vários profissionais mais velhos têm buscado essa oportunidade por ela permitir que passem mais tempo com netos, cônjuges e amigos, e o esquema rendeu frutos para os negócios. Estudo da Lancaster University Management School, que examinou o desempenho de mais de 400 lojas da rede no Reino Unido, mostrou que aquelas que têm profissionais com mais de 60 anos apresentam um nível de satisfação do cliente 20% mais alto do que as outras.

Outro mito que afasta os empregadores da contratação de trabalhadores maduros diz respeito à capacidade de inovação; eles acreditam que os jovens inovam bem mais. "Para os profissionais mais velhos, é mais fácil inovar, porque têm mais repertório e já vivenciaram várias mudanças ao longo da carreira", discorda Cappelli.

As empresas teriam essa percepção, de acordo com o especialista da Wharton, por conta das novas tecnologias e do sucesso de jovens empreendedores. "É preciso ressaltar que isso tem a ver com a atenção da mídia; nossa era não é especialmente orientada pelas novas tecnologias e o número de empreendedores jovens bem-sucedidos é pequeno."

A riqueza de trabalhar em um ambiente diverso já foi comprovada em vários estudos, segundo Marie-Françoise Winandy, diretora da Acalântis Executive Search, especialmente no que diz respeito à inovação. E isso vale para a diversidade etária.

O mix de profissionais jovens e experientes nas equipes é a melhor solução para a inovação também na opinião de

Dalen. "A visão dos mais velhos como menos inovadores é um estereótipo que precisa ser ajustado." Para ele, os profissionais jovens têm a vantagem de não ter ideias preconcebidas sobre como administrar uma empresa ou criar produtos, mas o número de erros que cometem é bem mais alto e, nesse aspecto, a experiência dos veteranos aparece. O trabalho conjunto de ambos os times é excelente para a inovação.

Retenção (de jovens) mais fácil

Um desafio particular para uma organização que queira ter profissionais maduros é a convivência entre gerações diversas, que requer tolerância e maturidade de todos os envolvidos. "Vemos esforços individuais de alguns gestores de RH para que isso aconteça, mas poucas iniciativas institucionais. Faltam incentivos para que a diversidade etária ocorra", diz Winandy.

De outro lado, com os veteranos na empresa, reter e contratar pessoas, jovens inclusive, deixa de ser um desafio tão angustiante, segundo Cappelli. A explicação? Veteranos têm mais condição e disposição para ser mentores dos jovens, algo de que estes precisam, e repassam conhecimento tácito, do tipo que não é possível encontrar em livros.

Isso as organizações já entenderam, mas a maioria não o aproveita. No Brasil, 94% das empresas acreditam que o principal benefício de ter profissionais mais velhos está relacionado com os conhecimentos que podem transmitir, segundo dados da pesquisa da FGV e PwC, mas menos de um quarto delas os envolve em atividades de treinamento e desenvolvimento dos mais jovens, e apenas 20% promovem atividades de gestão do conhecimento com os mais velhos.

Adaptação

Como as empresas podem incorporar veteranos em seu dia a dia? Dúvidas não faltam: eles aguentam cargas de trabalho mais puxadas, quando necessário? Submetem-se à liderança de alguém mais jovem?

O conflito intergeracional é, de fato, agudizado quando mais velhos são supervisionados por mais jovens. A solução realista, segundo Cappelli, está em mudar a maneira como os jovens supervisores lideram e gerenciam times que tenham profissionais mais velhos. Autoridades formais e expertises não podem ser a fonte de poder nesse caso, assim como não funcionam ameaças do tipo "faça isso ou está demitido".

Para Cappelli, os supervisores devem gerenciar de maneira "empoderadora". Isso significa colocar a tarefa na mesa e pedir aos veteranos suas ideias e contribuições sobre o melhor modo de realizar o trabalho.

A desistência do líder jovem em relação ao subordinado veterano, fato observado frequentemente nas organizações, também não pode acontecer, o que requer treinamento especial.

A importância de reter os profissionais mais experientes tem feito as empresas inovarem em seus modelos de funcionamento e gestão. O grupo norte-americano CVS Caremark, proprietário de uma rede de 7,3 mil farmácias nos Estados Unidos, criou um programa em que centenas de farmacêuticos e outros colaboradores são transferidos, durante o inverno, dos estados frios do Norte para a ensolarada Flórida. Muitos dos profissionais que atualmente estariam aposentados e optaram por

"A carência de mão de obra especializada obriga as empresas a rever padrões etários e se adaptar aos veteranos"

continuar na ativa na CVS graças a esse esquema estão treinando novos colaboradores e participando dos programas de mentoria do grupo.

A CVS ainda oferece horários flexíveis para que eles possam acomodar outros interesses em sua rotina, como se dedicar a um hobby e passar mais tempo com a família.

No grupo italiano Ermenegildo Zegna, uma das políticas de recursos humanos é um processo de aposentadoria paulatino, segundo o qual pessoas às vésperas da aposentadoria passam um tempo trabalhando meio período para transmitir as rotinas de trabalho aos mais jovens – e, se quiserem, elas podem continuar a fazê-lo.

Demanda à vista

Não é só o envelhecimento da população no Brasil e no mundo que empurra as empresas para os profissionais mais velhos. A carência de mão de obra especializada também as obriga a rever seus padrões etários e se adaptar aos veteranos. "Singapura é um exemplo de nação que sofreu com o déficit de oferta de profissionais e conseguiu minimizá-lo com os veteranos em uma ação conjunta da sociedade, empresas e governo; o Brasil também caminha para isso", observa Winandy.

O caminho de fato começa a ser trilhado, ainda que lentamente. As experiências de contratação e retenção de pessoas mais velhas têm sido mais frequentes no comércio varejista. Desde os anos 1990, o Pão de Açúcar e o Walmart, por exemplo, mantêm programas de contratação de pessoas acima dos 60 anos.

Em tempos recentes, organizações de outros setores, como a rede de fast-food Pizza Hut e a empresa de telemarketing Atento, e a operadora de estradas EcoRodovias, também estão buscando profissionais veteranos no mercado. Mais iniciativas são vistas na indústria de petróleo e em certos ramos de engenharia e de tecnologia da informação (TI), em especial nos casos que ainda trabalham com sistemas antigos, como a linguagem Cobol.

Na percepção de Karin Parodi, diretora da Career Center, firma de consultoria especializada em gestão estratégica de recursos humanos e outplacement, as empresas brasileiras estão começando a mudar sua atitude em relação à retenção e à contratação de profissionais mais velhos.

"Organizações de alguns setores começam a ver a importância da experiência e da maturidade, percebendo a grande vantagem que é ter alguém com essas qualidades para tomar decisões difíceis." Segundo ela, a vivência e a experiência acumuladas são uma vantagem competitiva inegável desses profissionais.

Parodi nota, ainda, que algumas empresas do País vêm buscando maneiras de minimizar conflitos intergeracionais

Quadro 2

Quem é responsável?

Para alguns especialistas, talvez não sejam as empresas as maiores culpadas por afastar os veteranos de suas fileiras. "A segunda carreira é e será sempre responsabilidade de cada pessoa", afirma o consultor Julio Sergio Cardozo, que faz planejamento de carreira e requalificação de executivos.

"O fato é que, no Brasil, muitos gestores ainda não admitem a necessidade de se requalificar, crendo saber tudo, mas as competências valorizadas pelo mercado mudam bastante", diz Cardozo, cujos planejamentos levam em conta o passado do gestor, mas miram o futuro.

com programas de desenvolvimento que envolvam profissionais tanto jovens como mais velhos, para que o bom convívio permita à organização tirar vantagem das diferenças.

O veterano que busca uma recolocação precisa ter clareza quanto a seus diferenciais competitivos e usá-los, na visão de Parodi. "Por isso, muitos passam a 'vender conhecimento', como consultores, palestrantes ou empreendedores, ganhando até mais do que antes."

Como os veteranos serão maioria na população brasileira a partir de 2040, o tema tem sido alvo de uma série de publicações no País. Livros como *Aposentadoria é para os Fracos*, de Ricardo Neves, e *O Melhor Vem Depois*, de Andrea Giardino e Julio Sergio Cardozo, abordam a questão do ponto de vista do executivo. Já em *Viver Muito*, o pesquisador Jorge Félix desenha o que seria a "economia da longevidade", suas ameaças e oportunidades, enfatizando que ela exige um planejamento específico de governos, empresas e indivíduos

O holandês Dalen entende que empresas de todo o mundo terão, mais cedo ou mais tarde, de mudar suas atitudes em relação à contratação e retenção dos trabalhadores maduros, extinguindo políticas como a da aposentadoria compulsória, se quiserem as melhores pessoas para suas vagas.

O etarismo no cenário corporativo

São poucas as pesquisas e estudos sobre a situação dos profissionais mais velhos no mundo corporativo brasileiro. Autora de um deles, Winandy, entende que a distribuição etária de uma organização influencia as percepções de seus colaboradores e pode levar ao "etarismo" – termo que vem do inglês "ageism", cunhado pelo gerontologista Robert Butler (1969) para definir uma forma de intolerância

“Para os veteranos brasileiros, o caminho mais fácil ainda é o empreendimento próprio”

relacionada com a idade, com conotações semelhantes ao "racismo" e ao "sexismo".

Segundo Winandy, etaristas se acostumam com determinado parâmetro, como o de os gerentes no Brasil terem em torno de 40 anos. "Um profissional com 30, por mais preparado que esteja, dificilmente é cogitado para uma promoção, simplesmente por estar fora dos padrões de idade predeterminados para esse cargo, aspecto que dificilmente é questionado ou contestado dentro de uma organização, e, da mesma forma, uma candidata com 50 anos não é sequer entrevistada para a função – isso é etarismo."

O fenômeno não ocorre somente nas etapas de promoção ou de contratação; está presente em todo o cotidiano das empresas. Winandy observa isso quando, por exemplo, determinados profissionais não são convidados a participar de cursos na organização por serem considerados velhos demais para serem alvo desse tipo de investimento ou por se supor que não necessitem deles. "Entrevistei um gestor que não fazia reciclagem havia mais de 20 anos e, ainda assim, era convidado a ministrar programas de formação de trainees todos os anos na empresa, fato que ele mesmo achava espantoso", afirma.

Para os veteranos brasileiros, o caminho mais fácil ainda é o empreendimento próprio. Um exemplo é Luiz Cruz, ex-presidente da Sika Brasil, multinacional que fornece insumos variados para a indústria, que montou um bem-sucedido negócio de vinhos.

Eles lideram os três perfis de seguidores

por Marcello Calvosa, coach de executivos, conselheiro de carreiras e professor da Universidade Federal Rural do Rio de Janeiro (UFRRJ)

Em vez de se cercarem só de colaboradores "crédulos", que lhes são mais fiéis, os novos líderes potencializam também os "hesitantes" e os "autônomos" em benefício de suas empresas.

Sejamos práticos: nos dias atuais, no interior das empresas, um colaborador dificilmente adotará um modelo de liderança compartilhado pelo líder apenas porque ele é bom naquilo que faz ou pelo reconhecimento de que está "bem-intencionado".

Características comportamentais, planejamentos pessoais, expectativas de vida e valores morais condicionarão a adoção do modelo pelos diversos subordinados. Mas meus estudos indicam que será, cada vez mais, a heterogeneidade do que eu chamo de "perfil de credulidade dos colaboradores em relação ao líder" que fará diferença, à medida que o líder souber gerenciá-la a seu favor (ou contra) para alcançar os objetivos organizacionais propostos.

"Credulidade" é uma palavra estranha ao mundo da gestão, embora seu significado tenha impacto crescente no complexo mundo dos negócios atual. Os membros de uma equipe "compram" a mensagem do líder com intensidades distintas, o que afeta diretamente o poder de influência deste e sua eficácia.

Se você é um líder, responda para si mesmo a três perguntas:

1. Será que todos os meus colaboradores dão crédito, com a mesma intensidade, a minha visão de futuro?
2. Eu consigo oferecer significado e compartilhar valor com todos os membros de minha equipe, no mesmo momento e/ou com a mesma intensidade?
3. Consigo liderar da mesma forma colaboradores que possuem expectativas diferenciadas em relação à vida e em relação à organização? Que têm perfis ou modelos mentais diferentes, devido a influências e estímulos distintos?

Talvez você responda "não" três vezes.

Quando estiver disseminando sua liderança, você deverá levar em consideração que seus liderados provavelmente possuem perfis e modelos mentais diferentes dos seus. Eles podem ter tido outras bases de formação e outras influências ao longo da vida, nos campos cultural, tecnológico, demográfico, intelectual e espiritual.

Os bons líderes compreendem que essa diversidade é positiva para a organização. Se todos pensassem da mesma forma, talvez a organização não encontrasse um caminho para seguir quando surgisse uma adversidade ou crise.

Quadro 1

Saiba mais sobre
Marcello Calvosa

Marcello Calvosa, coach de executivos e conselheiro de carreiras, é pesquisador e professor dos programas de MBA e treinamentos corporativos da HSM Educação Executiva e do curso de administração da Universidade Federal Rural do Rio de Janeiro (UFRRJ); nesta, também coordena um curso de educação a distância.

Contudo, como as políticas, os sistemas, os métodos e os processos de comunicação tendem a ser padronizados pela empresa ou adotados de maneira coletiva pelos gestores para os membros de sua equipe, tais diferenças podem ser negligenciadas e nos afastar de pessoas que, em um primeiro momento, não concordam conosco.

Trata-se de algo que não queremos como gestores. Queremos poupar tempo, energia, evitar desgastes desnecessários, mas também gerar identificação, admiração e compromisso em nossos colaboradores. O que fazer?

Os perfis de credulidade

Existem três posicionamentos diferenciados de colaboradores em relação a quanto acreditam na visão de futuro de seu líder, a seu poder de influência e a suas expectativas sobre a organização.

Em vez de querer se livrar dos percebidos como "mais difíceis", o líder pode se beneficiar dos três, atribuindo significado à realização de suas tarefas e às metas que cumprem e reduzindo conflitos.

Grupo I – Crédulos

Esse grupo, que responde em geral por 30% da equipe de trabalho, engloba os colaboradores que acreditam, sem restrição alguma, na visão de futuro e nas metas difundidas por seu líder. Possuem uma postura de plena confiança nas trocas de influência do líder, o que significa que buscarão estar associados a ele no longo prazo.

Os crédulos aprovam totalmente as práticas de liderança de seu líder e as reproduzem. É fácil influenciá-los e fazê-los comprometer-se, pois partem dos pressupostos de que as soluções do líder para os processos e tarefas são criativas, de que suas estratégias são adequadas e de que suas habilidades são admiráveis. Em suma, eles só fazem validar os atributos de personalidade de seu líder.

Os integrantes desse grupo acreditam que a figura constituída do líder realmente pode trazer para a equipe ou para a organização soluções inovadoras. Para tais colaboradores, o líder possui grande autoridade informal para criar, gerir e desenvolver o time, não precisando de mecanismos influenciadores formalmente constituídos ou da visualização de benefícios adicionais.

A motivação para que indivíduos crédulos estejam próximos ao líder e apoiem seus projetos é ideológica. Um líder influencia mais fortemente um crédulo apresentando um perfil de integridade em relação a suas crenças.

Grupo 2 – Hesitantes

> **"Há três modelos que permitem avaliar o potencial de um indivíduo: crédutos, hesitantes e autônomos"**

Esse grupo, costumeiramente 50% da equipe de trabalho, é formado por colaboradores que buscam em seu líder práticas de liderança que os habilitem a tomar decisões sem uma dependência eterna dele. Aceitam formal e informalmente o poder de influência do líder, mas por um período mais reduzido do que no primeiro grupo.

Os hesitantes admiram a habilidade do líder de conduzir pessoas e processos, sua integridade e ética. Porém, diferentemente dos crédulos, não acham que seus caminhos profissionais devem ficar ligados aos dele por um período demasiadamente grande. Buscam primariamente no líder a oportunidade de aprendizado e de desenvolvimento, para que, no futuro, minimizem essa dependência ideológica ou profissional e consigam seguir o próprio caminho, tornando-se futuros gestores e líderes.

Por isso, em algum momento do convívio com o líder empresarial, vão querer se apartar do líder e da equipe para fazer a própria história e criar a própria identidade organizacional.

A motivação para os hesitantes continuarem na equipe é a oportunidade de aprendizado e desenvolvimento e não só ideologia, como no primeiro grupo. Assim, um líder influencia mais fortemente um hesitante apresentando-lhe oportunidades de crescimento profissional e gerando um ambiente de aprendizado.

Grupo 3 – Autônomos

Esse grupo, que tende a ser 20% da equipe de trabalho, reúne colaboradores que possuem baixa confiança na visão

> “Aproveitar o potencial heterogêneo da equipe facilita bastante a identificação de novos líderes que surgem dentro da organização”

de futuro do líder. Isso significa que a influência que o líder exerce sobre esses indivíduos é baixa.

Os autônomos não criarão com o líder laços duradouros, nem de negócios, nem pessoais. Mesmo que esse líder construa um ambiente de alto desempenho, tais seguidores terão o sentimento de que fariam diferente caso estivessem no lugar do líder, seja por questões de foro íntimo, seja por uma ótica profissional distinta.

Esses profissionais estarão associados ao líder em razão de uma necessidade organizacional, para manter a ordem, para garantir o emprego. Eles confiarão mais em relatórios, estatísticas, informações e em sua experiência acumulada do que na capacidade de visão de futuro do líder.

Dependendo da intensidade de seu perfil, os autônomos podem ser ávidos questionadores, embora se flexibilizem quando convencidos por “números e fatos”.

Dos três grupos analisados, o dos autônomos é o que possui maior propensão ao conflito e precisa de critérios objetivos e racionais para que o líder exerça seu papel de influenciador. A motivação para continuarem na equipe é basicamente a financeira, além da necessidade de segurança. Um líder influencia um seguidor autônomo com dados inquestionáveis.

A diversidade a seu favor

Líderes experientes e capacitados, que não temem ser examinados e avaliados, não querem apenas ter crédulos em sua equipe: eles tiram muito proveito de seguidores com perfis de credulidade heterogêneos ao conseguir compreendê-los. Eles devem entender que:

- Os crédulos lhes darão apoio imediato na tomada de decisões, na sustentação política e na execução.
- Os hesitantes serão capacitados para promoções diagonais, pois tendem a ter uma visão generalista da empresa e do negócio, além de serem mais propensos a ocupar futuras posições de líderes organizacionais, sustentando a liderança no longo prazo.
- Os autônomos "anteciparão" questões que alguns investidores, clientes, acionistas, a comunidade, demais colaboradores e parceiros estratégicos gostariam de fazer ao líder se pudessem (que farão quando puderem).

Todos os três perfis ajudarão o líder, portanto, porque o capacitarão para demandas variadas, presentes e futuras, até as mais incertas.

No passado, o foco da liderança empresarial era sobre traços e características pessoais dos líderes. Hoje, o foco mudou para a disseminação da liderança, o que envolve, entre outras coisas, a criação, o fomento e o fortalecimento de comunidades internas, geradas por meio de interação profissional.

Isso significa que, agora, todo líder deve ter uma estratégia focada na formação de outros líderes.

Aproveitar o potencial heterogêneo da equipe facilita bastante a identificação de novos líderes que surgem dentro da organização, ao permitir fazer uma "leitura" mais precisa do ambiente. Também possibilita gerar resultados mais expressivos para a organização.

Eles criam ambientes colaborativos

por Adriana Salles Gomes, editora de HSM Management

Para a especialista Tamara Erickson, o papel do líder atualmente tem muito mais a ver com criar um ambiente propício para que uma empresa cresça e seus colaboradores se desenvolvam, em todos os níveis da hierarquia – especialmente em empresas que trabalham com escala.

"Até recentemente, tendíamos a ver os líderes como heróis, pessoas carismáticas, brilhantes, que tinham todas as respostas. Mas o que aprendi depois de tantos anos de pesquisa é que a função do líder hoje é criar um contexto no qual outras pessoas possam dar realmente suas contribuições para o sucesso dos negócios." Essa nova liderança é o tema do curso que Tamara Erickson desenvolveu para a London Business School, com base em sua experiência de mais de 35 anos à frente da firma de consultoria Tammy Erickson Associates.

Para Erickson, a visão de liderança e dos tipos de líderes que moldarão o futuro está mudando. A hierarquia continua forte principalmente em empresas que trabalham com escala, mas, de modo geral, a liderança precisa ser mais horizontal.

Até o papel do gerente médio, que antes era encarregado de transmitir tarefas e fiscalizar seu cumprimento, passa a ser semelhante ao de um anfitrião de uma grande festa, cabendo a ele apresentar as pessoas que podem ter a ver umas com as outras e se certificar de que todo mundo esteja conversando.

Erickson ficou conhecida por seu trabalho no campo da diversidade, inicialmente entre gerações e, depois, de maneira geral; ela é uma das poucas mulheres presentes no ranking Thinkers 50, que reúne os melhores pensadores da gestão mundial.

Em seu trabalho, Erickson sempre enfatizou a necessidade da diversidade nas empresas e agora começa a se voltar para a liderança. Segundo ela, os dois temas estão profundamente conectados, na medida em que a liderança deve cultivar a diversidade. "Minha intenção é

"A visão de liderança e dos tipos de líderes que moldarão o futuro está mudando"

ajudar os líderes a compreender como criar um contexto no qual muitas pessoas possam dar contribuições para o sucesso dos negócios, e não só algumas", explica. "O que aprendi em minha extensa pesquisa é que eles estão mudando – e rapidamente. Até há pouco, tendíamos a ver os líderes bem-sucedidos como heróis, pessoas carismáticas e brilhantes que tinham todas as respostas. Agora, acredito que os líderes a ter sucesso no futuro serão os que criarão esse novo contexto."

Os elementos do novo líder

Esse novo líder é constituído de quatro elementos principais:

1. Capacidade de reunir a diversidade. Os líderes existirão, cada vez mais, para garantir que haja diversidade suficiente dentro da organização, no sentido de pessoas que não estão dispostas a pensar apenas de uma forma. "O papel do líder é romper com padrões de pensamento e ação, trazendo novas ideias, questionando todos os pressupostos, certificando-se de que as pessoas estejam continuamente questionando o que fazem e se abrindo a novas ideias", afirma Erickson.

2. Criar capacidade colaborativa. Tem a ver essencialmente com assegurar que as pessoas certas se conheçam e que a organização funcione horizontalmente. Não se trata mais de conversar apenas com seu chefe, e ele, com o chefe dele, e assim por diante, explica a pesquisadora. "A ordem agora é que você converse com todos os seus colegas dentro da organização e, embora o trabalho de um líder não seja o de forçar as pessoas a fazer isso, cabe a ele facilitar esse processo."

Para que isso seja facilitado, é possível utilizar a tecnologia social, mas a principal questão é garantir que as culturas e as pessoas tenham oportunidade de se conhecer e que as pessoas certas entrem em contato umas com as outras, desenvolvendo relacionamentos que lhes permitirão compartilhar informações mais facilmente.

Isso pode ser um problema para a média gerência, explica Erickson, mas é necessário, "porque no mundo de hoje não conseguimos controlar as coisas simplesmente com a intermediação da média gerência". Segundo ela, as ideias inovadoras surgem de conversas entre pessoas com diferentes pontos de vista, então o gerente médio precisa começar a pensar em si mesmo como anfitrião de uma grande festa, aquele que apresenta um convidado ao outro.

Se você lidera o departamento de vendas e acredita que poderia estar recebendo novas ideias de pesquisa e desenvolvimento, você apresentou seu time de vendedores à equipe de pesquisa e desenvolvimento? É esse processo de construção de relacionamentos que os gerentes realmente têm de desenvolver, cada vez mais.

Apesar de exigir uma importante mudança na mentalidade atual, a pesquisadora não acredita que seja tão difícil. "O que descobri ao fazer minhas pesquisas sobre as gerações é que muitos membros da geração X [que nasceram entre 1965 e 1980] não admiram os líderes mais velhos nem querem ser como eles. Portanto, há um desejo crescente entre esses jovens líderes da média gerência de liderar de maneira diferente, sem serem autocráticos e hierárquicos, sem terem todas as respostas. Então, acho que essa mudança de que falo é compatível com as expectativas dos jovens que estão no poder ou chegando a ele; ela só não será muito popular entre os mais velhos, os baby-boomers."

3. Significado. É muito importante para pessoas de todas as idades, e sem dúvida mais acentuadamente para a geração Y [nascida de 1980 para cá], que as empresas tenham uma noção forte de como é trabalhar lá e a divulguem. "A empresa precisa ter uma marca como empregadora, uma marca que transmita o sentido de trabalhar ali. O que acontece hoje é que a maioria das pessoas chega a uma organização sem a mínima ideia de como é trabalhar ali", afirma. Por isso, o novo líder precisa funcionar quase como um gerente de marcas, em termos de pensar sobre o que é ser parte da empresa e como isso pode ser fortalecido.

4. Capacidade de fazer boas perguntas. Ele não precisa ter todas as respostas sobre os assuntos, longe disso, mas tem de saber fazer as perguntas mais provocadoras sobre os desafios que a empresa enfrenta, acredita. Segundo Erickson, são essas perguntas que contribuirão para que as outras pessoas possam ajudar a chegar à solução. "Uma pergunta é um ótimo jeito de engajar as pessoas em ajudar a pensar no negócio e em como melhorá-lo, de engajá-las em dar sua contribuição."

O fim da hierarquia

Esse novo modelo de liderança está associado à diminuição crescente – e constante – da hierarquia, mesmo em países emergentes. Tamara Erickson cita o exemplo da chinesa Lenovo, que, segundo ela, está tentando dar a todos os colaboradores o acesso a níveis múltiplos na organização, habilitando-os a contribuir mais com novas ideias.

A hierarquia nem sempre é um problema, porém. Para a pesquisadora, depende do que a empresa quer alcançar e de sua área de atuação. "Para empresas cujos objetivos sejam padronizar processos de fabricação, diminuir gastos e produzir em maiores quantidades, a hierarquia é perfeita.

Já empresas que buscam a inovação por conta de mudanças externas – e que requerem rapidez e pessoas adaptáveis – não podem se apoiar na hierarquia, que dificulta a inovação, a agilidade e a flexibilidade."

A transição entre a velha e a nova liderança, porém, não pode ser gradual: Erickson recomenda começar com uma medida drástica. "O primeiro passo pode ser instaurar um sistema de avaliação pelos pares, fazendo com que o desempenho das pessoas seja julgado por seus colegas, em vez de por seus superiores. É um dos jeitos mais poderosos de começar a catalisar a mudança, porque, quando as pessoas percebem a importância do que os colegas pensam sobre elas, naturalmente se tornam mais colaborativas. Querem dividir ideias com os colegas, querem ser mais úteis a eles."

O papel do líder também é muito importante nessa transição, explica, no sentido de articular as pessoas, e sendo sincero com elas sobre o tipo de cultura que se está tentando construir – e certificando-se de que todos na organização estejam alinhados com esse propósito e trabalhando para ele.

Para implementar esse tipo de cultura o mais rápido possível, Erickson recomenda que o líder escreva em um papel que tipo de cultura está tentando criar, guarde esse papel na gaveta e peça às pessoas – aquelas que estão na empresa há pelo menos seis meses – que descrevam a cultura atual. "Esse líder então deve entender quão próximas são as descrições das pessoas do que está no papel guardado. Se estiverem longe, certamente é preciso redesenhar a experiência do funcionário na empresa."

O papel do gerente médio

Para Tamara Erickson, a principal transformação do líder caberá ao gerente médio. "É quem mais precisa se reinventar em muitas empresas, pois no passado desempenhou essencialmente as funções de controlar as coisas e levar informações para toda a organização", explica.

Na opinião da especialista, essas funções já deixaram de ser criticamente importantes em muitas das empresas de hoje e, em médio prazo, isso tende a acontecer em todas as organizações.

O papel do gerente médio precisa cada vez mais ser pensado tanto como o de anfitrião de uma festa, que aproxima as pessoas para que trabalhem bem juntas, quanto como o de um professor, na visão de Erickson. "Os gerentes médios mais bem-sucedidos que já vi gerenciando colaboradores da geração Y são os que encaram o trabalho de maneira semelhante a um professor planejando uma aula. Eles pensam: 'O que minha equipe aprenderá ao fazer isso? O que posso ensinar a eles quando conseguirmos esse projeto empresarial?'."

"O gerente médio precisa começar a pensar em si mesmo como anfitrião de uma grande festa, aquele que apresenta um convidado ao outro"

Segundo a especialista, ensinar e aprender se tornam ingredientes-chave do trabalho da média gerência.

A vez dos tímidos

por **Chris Stanley**, colaborador de HSM Management

Susan Cain, autora do livro *O poder dos Quietos*, propõe uma nova visão de liderança e criatividade ao discutir o poder dos introvertidos dentro das empresas.

Se lhe dissessem que entre 30% e 50% das pessoas de uma sociedade são sistematicamente discriminadas, é provável que você pensasse em minorias étnicas ou em desigualdade de gênero. Estaria, porém, longe de acertar.

No grupo em questão, bem heterogêneo, o que une os integrantes não é sua condição social, origem ou religião; é a personalidade. Talvez você mesmo se inclua nele: os introvertidos.

Há menos de uma década, Susan Cain era uma advogada de sucesso de Wall Street. Tímida confessa, ela detesta falar em público. "É algo que evitaria a qualquer custo", diz. Ela facilmente troca coquetéis de negócios e festas por ficar em casa lendo um livro. Não parece um contrassenso que ela tenha escolhido essa carreira?

"Com frequência é", reconhece Cain, autora do best-seller *O Poder dos Quietos* (Ed. Agir). Por isso, para se sair bem na profissão, ela teve de criar um personagem afastado de seu verdadeiro eu. Funcionou.

O livro veio despertar a consciência sobre quanto perdemos ao subestimar as pessoas introvertidas, mas acendeu um debate maior, em torno de várias questões fundamentais, por exemplo: se o sistema educativo realmente fomenta o desenvolvimento do talento ou se as empresas escolhem seus líderes de maneira justa.

Este ano, uma palestra da autora veiculada na internet foi vista 1,3 milhão de vezes apenas nas primeiras três semanas de upload. Cain falou com HSM Management de Nova York sobre o impacto de suas ideias na liderança, na criatividade e nos negócios em geral.

A causa dos tímidos

Segundo a autora, o aspecto fundador da personalidade é sua inclinação: introvertida ou extrovertida? Por quê?

Cain sugere que essa tendência específica influencia tudo o que fazemos, desde como escolhemos nossos amigos e parceiros até quantas possibilidades temos de fazer exercício, cometer adultério, aprender com erros ou fazer grandes apostas na bolsa.

O que significa ser introvertido ou extrovertido para Carl Jung, que popularizou os conceitos em 1920, quando publicou o livro *Tipos Psicológicos*? Segundo ele, os dois termos são a própria definição de uma personalidade. Se os introvertidos se sentem atraídos para o mundo interior do pensamento e dos sentimentos, os extrovertidos preferem a vida exterior, que implica se relacionar com outras pessoas e realizar atividades diversas.

Depois de Jung, as definições se multiplicaram, mas Cain reduz a diferença entre as duas noções à maneira como as pessoas respondem aos estímulos. "Os introvertidos se sentem mais vivos, com mais energia e mais envolvidos com a atividade que realizam quando estão em ambientes tranquilos. Os extrovertidos, ao contrário, anseiam por ser estimulados e, quando não obtêm incentivos suficientes, começam a ficar entediados e infelizes." A autora acrescenta que é um erro sugerir que as pessoas tímidas são antissociais. "Elas simplesmente são diferentes; preferem tomar alguma coisa com um amigo em vez de ir a uma grande festa", explica.

"Os introvertidos se sentem mais vivos em ambientes tranquilos. Os extrovertidos anseiam por ser estimulados"

Há um problema que interfere no desenvolvimento dessas pessoas, entretanto, adverte Cain, e é o surgimento global do que denomina o "ideal extrovertido". Esse ideal social favorece as pessoas gregárias, carismáticas e que se

“Líderes retraídos obtêm mais de seus funcionários porque tendem a lhes dar mais autonomia para pôr em prática suas ideias, segundo pesquisa da Wharton University”

sentem à vontade sendo o centro das atenções. Por essa visão, a ação se sobrepõe à contemplação e, certamente, sobre a dúvida.

“Hoje vivemos em um mundo que acredita que uma pessoa calada não pode ser poderosa”, diz a autora. É como se o poder fosse “só para aventureiros e pessoas que correm riscos”. Resultado: é muito menos provável que os introvertidos sejam candidatos a posições de liderança. Porém, se partirmos do pressuposto (razoável) de que pessoas silenciosas têm a mesma quantidade de boas ideias que os indivíduos felizes em chamar a atenção, algo está sendo perdido. E as empresas têm responsabilidade pela perda, pois falham em distinguir quem se apresenta bem de quem tem habilidades de liderança verdadeiras.

Alguns introvertidos conseguem ascender a posições de liderança, contudo, e, quando isso acontece, costumam ter êxito, segundo Cain. Exemplos: a ativista negra pelos direitos civis Rosa Parks; Eleanor Roosevelt, esposa do presidente dos EUA; e o líder nacionalista indiano Gandhi. Os três eram calados, falavam com suavidade e tiveram multidões de seguidores. Cain aponta que a aversão a ser o centro das atenções pode ser benéfica. “Os introvertidos colocam-se no foco dos olhares por uma causa, não por uma necessidade narcisista. Isso é poderoso.”

Ego versus humildade

Um exemplo de líder empresarial introvertido é Warren Buffett, que atribui seu sucesso como investidor não só a seu conhecimento, mas também a seu temperamento cuidadoso e ponderado. Doug Conant, ex-CEO das sopas Campbell, que deixou o cargo em 2011, é igualmente famoso pela timidez: em seus dez anos como líder da companhia alimentícia, escreveu mais de 30 mil notas de reconhecimento aos funcionários que contribuíam de maneiras geniais para o crescimento da empresa e não estavam sendo notados nem recompensados. "Conant buscava formas 'silenciosas' de se conectar com as pessoas", destaca Cain.

Um estudo recente da Wharton University descobriu que líderes retraídos obtêm mais de seus funcionários porque tendem a lhes dar mais autonomia para pôr em prática suas ideias, enquanto os extrovertidos costumam colocar sua marca em cada nova iniciativa. "No livro, falo do ying e yang necessários nas empresas. Acho que precisamos de pessoas que forçam as coisas e assumem riscos, mas também das que tomam um tempo para observar cuidadosamente a situação toda."

A tese de Cain se alinha às ideias de dois dos maiores pensadores da gestão: Peter Drucker e Jim Collins. Em *O Líder do Futuro*, Drucker escreve que, entre os líderes mais eficazes com que trabalhou, existia de tudo. Alguns se fechavam em seu escritório; outros eram ultragregários. Havia os rápidos e impulsivos, e os que estudavam a situação vagarosamente. O único traço de personalidade que os líderes mais eficazes tinham em comum era a falta de carisma.

Em *Empresas Feitas para Vencer – Good to Great* (HSM Editora), Collins identifica os "líderes de nível 5" como um fator comum das empresas mais bem-sucedidas. Os que trabalharam com líderes de nível 5 os descreveram no livro como calados, humildes, reservados, tímidos, engraçados, afáveis, honestos, pessoas que se costuma subestimar.

Solitários e solitárias

Quando se trata de criatividade e inovação, então, a adesão ao ideal extrovertido talvez esteja criando um dano significativo. "Psicólogos descobriram que as pessoas mais criativas tendem a ser retraídas. Elas precisam passar tempo em solidão para pensar e criar por si mesmas. No entanto, as escolas e as organizações, em vez de respeitar isso, pioram as coisas ao não dar privacidade e autonomia a ninguém." Isso porque o trabalho em equipe é o mantra atual da gestão, e os espaços de escritórios abertos se transformaram em norma.

Esse foco no trabalho em equipe e na interação como fonte de criatividade está levando ao que Cain chama de "pensamento grupal". Ocorre que os grupos "são como substâncias que alteram a mente. Um toma de maneira instintiva as opiniões dos outros e as torna suas sem se dar conta. Para obter um pensamento verdadeiramente original e independente, é necessário ter tempo a sós consigo, algo que acontece naturalmente aos introvertidos".

A prática corporativa preferida para fomentar a criatividade, o brainstorming, também não escapa da crítica de Cain. "Depois de quase quarenta anos de pesquisa, sabemos que as pessoas produzem quase sempre mais e melhores ideias quando fazem brainstorming sozinhas", diz a autora.

Como humanos, estamos programados para acreditar que os membros mais enérgicos dos grupos têm as melhores ideias, mesmo que não seja assim na realidade. "A correlação entre ser o que tem o melhor discurso e o que tem as melhores ideias é nula", destaca Cain.

"A correlação entre ser o que tem o melhor discurso e o que tem as melhores ideias é nula"

Por que os executivos gostam tanto de brainstorming? De acordo com Cain, o que os atrai é o fato de que esse trabalho de equipe especificamente faz com que as pessoas troquem gentilezas; funciona como uma cola social. Outra explicação da autora é que a internet expandiu essa prática. "A web fez com que colaborar seja 'sexy'." Projetos celebrados como o sistema operacional Linux e a enciclopédia on-line *Wikipedia*, nos quais milhares de pessoas de todo o mundo se unem para produzir algo, reforçou a crença no poder do coletivo.

Internet viabiliza tímidos

Isso é uma grande ilusão, contudo, como afirma Cain. "Se essas pessoas [da *Wikipedia* e do Linux] fossem reunidas durante um ano em uma sala de reuniões gigantesca e solicitadas a criar um sistema, tenho dúvida de que acontecesse algo tão revolucionário." Por quê? Para a autora, participar de um grupo de trabalho on-line é também uma forma de trabalhar só. "Todas as inibições que surgem quando o introvertido está perto de outras pessoas parecem desaparecer na tarefa on-line em grupo, e nesses contextos ele é mais eficiente."

A criatividade nasce da troca de ideias, e essa é a razão por que bares ou lugares públicos de reunião têm sido historicamente fontes de criatividade. Mas, segundo Cain, é necessário criar espaços de trabalho nos quais as pessoas possam tanto se reunir com outras como desaparecer em escritórios privados. É preciso buscar o equilíbrio ideal entre as necessidades dos introvertidos e as dos extrovertidos.

COLEÇÃO
conhecimento
hsm

Fique de olho nos
próximos lançamentos
da coleção.

• Liderança e pessoas • Estratégia e Execução

• Inovação e Tecnologia • Ética • Negociação • Sustentabilidade

• Marketing • Varejo • Vendas • Empreendedorismo